甲子園球場へ行こう

甲子園教育のすすめ

神林照道

はじめに

「真夏の炎天下《えんてんか》のスタンドで、何日間もよく観戦できますね。テレビでは、全試合を中継《ちゅうけい》しているじゃありませんか」と、よく言われます。しかも、テレビでは、解説者《かいせつしゃ》がわかりやすく解説をしてくれます。プレーを再生《さいせい》してくれます。データをタイミングよく知らせてもくれます。けれども、テレビの映像《えいぞう》はカメラマンがとらえたものです。私が見たい場面ではありません。

　テレビの画面では、難《むずか》しいフライをとった選手がベンチに帰ってくる姿《すがた》、その選手を迎《むか》える選手や監督《かんとく》の様子、その際《さい》のアルプススタンドの光景や、相手チームのベンチの様子などは見ることは

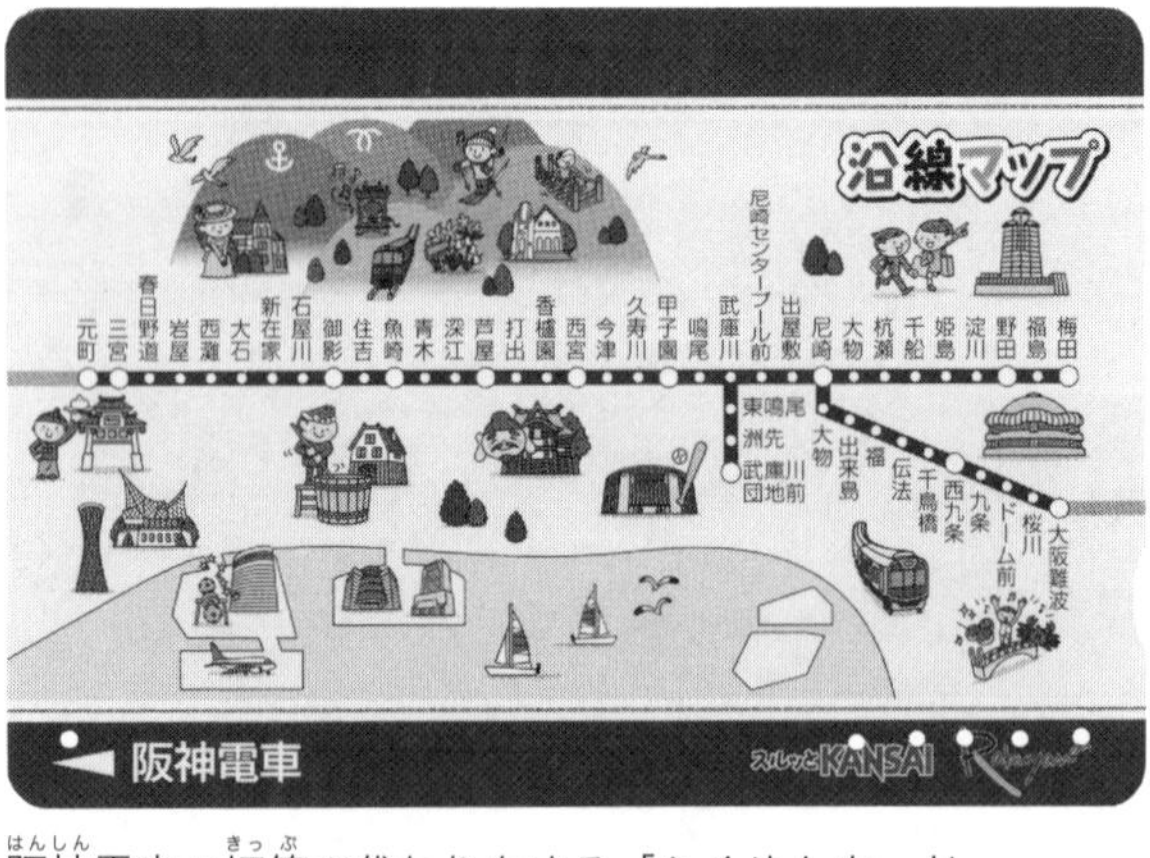

阪神《はんしん》電車の切符《きっぷ》の代わりをする「らくやんカード」。

できません。絶体絶命《ぜったいぜつめい》のピンチのときの各選手の動き、そのときのベンチの様子を見ることもできません。エラーをしてもどる選手とかかわる仲間の様子も見られません。試合の前や終わってからの様子なども見ることができません。

しかし、そうした場面にこそ、甲子園《こうしえん》大会*の魅力《みりょく》があるのです。感動があります。まさに、スタンドでの観戦の時間は、感動・感激《かんげき》の宝庫《ほうこ》です。この宝庫からは、たくさんのことを学ぶことができます。教えられることもたくさんあります。

◎この体験は、私にとって、知らず知らずのうちに子どもとかかわるときに役立っていました。いろいろな人たちに会って話すときの貴重《きちょう》な資料《しりょう》に

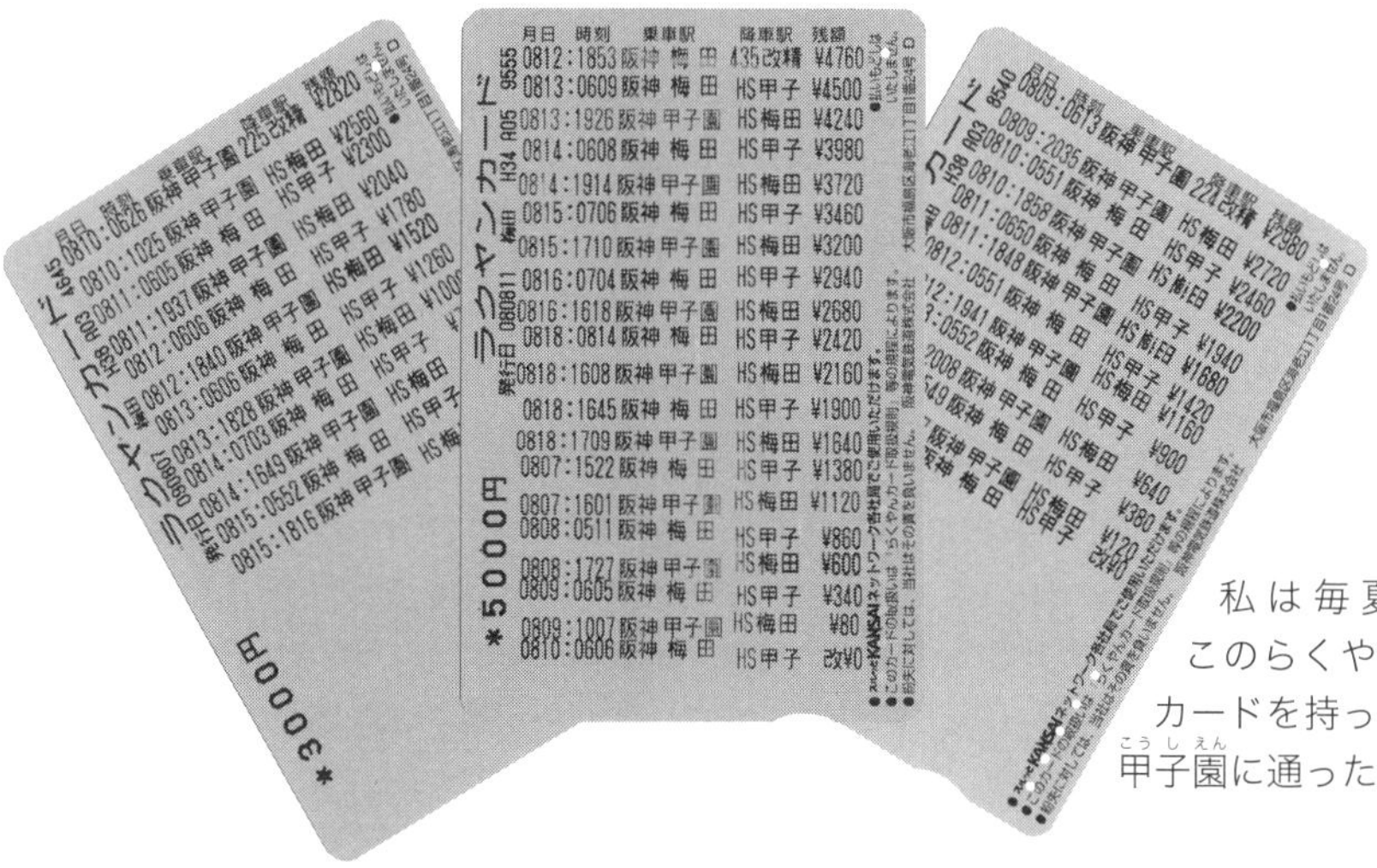

私は毎夏、このらくやんカードを持って甲子園《こうしえん》に通った。

＊正式には「全国高校野球選手権《せんしゅけん》大会」という。

なりました。自分自身、生き抜《ぬ》く精神《せいしん》の確立《かくりつ》にもなっています。

一九七七年四月、私は新潟《にいがた》から上京。大阪が近くなりました。そう言うと、あれ？　と思われるかも知れませんが、新潟から大阪へ行くには、東京経由《けいゆ》で、東京駅から新大阪駅まで新幹線《しんかんせん》に乗るのが普通《ふつう》だったのです。

　私は、その年の夏から甲子園《こうしえん》のスタンドで、高校野球の大会を観戦しはじめました。それから、二〇一〇年の第九二回大会までの三四年間連続で、毎夏スタンドで観戦を続けています。

私は、スポーツ記者でも、高校野球の関係者で

学校の子どもたちに甲子園《こうしえん》でキャッチしたファウルボールを見せ、感動を伝える。

も、野球についての専門家《せんもんか》でもありません。高校野球大会の観戦歴も、私以上の方々がたくさんいます。

私は、約半世紀、小学校の子どもと生活をしてきた一教師《きょうし》です。

この本は、「教育」という窓《まど》から、高校野球の魅力《みりょく》に焦点《しょうてん》を当てたものです。

この本のテーマは、「甲子園教育のすすめ」です。これは、子どもたちを教育する親や教師のみなさんに読んでいただきたくてつけたものです。でも、本当は、子どもたち自身にも読んでほしいと願っています。そこで、文章をなるべくやさしく書いてみました。

一人でも多くの方が甲子園球場のスタンドで、自分なりの感動・感激《かんげき》の宝庫《ほうこ》の扉《とびら》を開けてくださることを願っています。

その宝庫には、魔物《まもの》もいますが、「甲子園教育」というのも間違《まちが》いなく存在《そんざい》しています。

神林照道《かんばやしてるみち》（前国立《くにたち》学園小学校校長）

もくじ

編集／稲葉茂勝

デザイン／信太知美

甲子園《こうしえん》球場*

リニューアル前

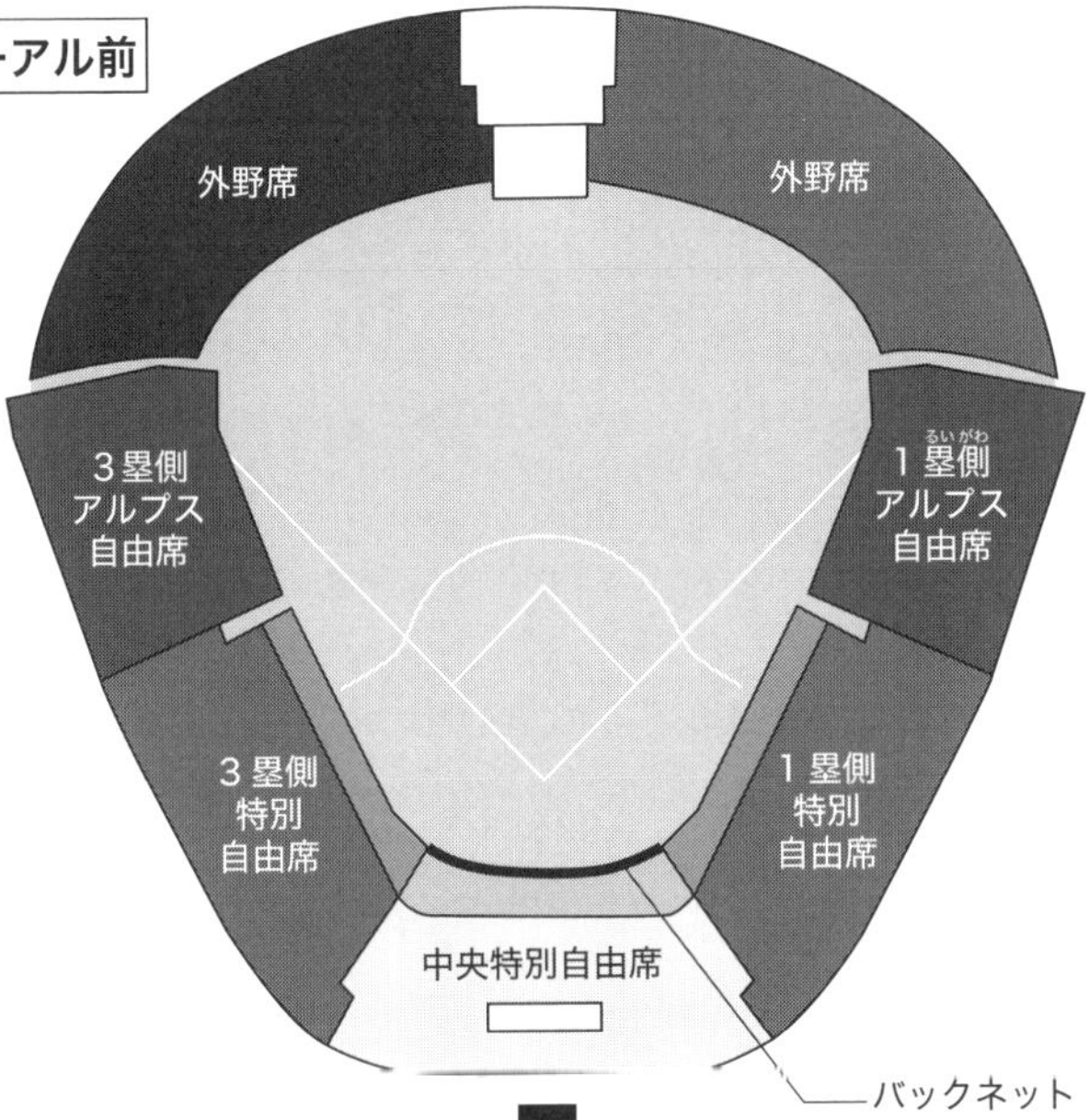

リニューアル後

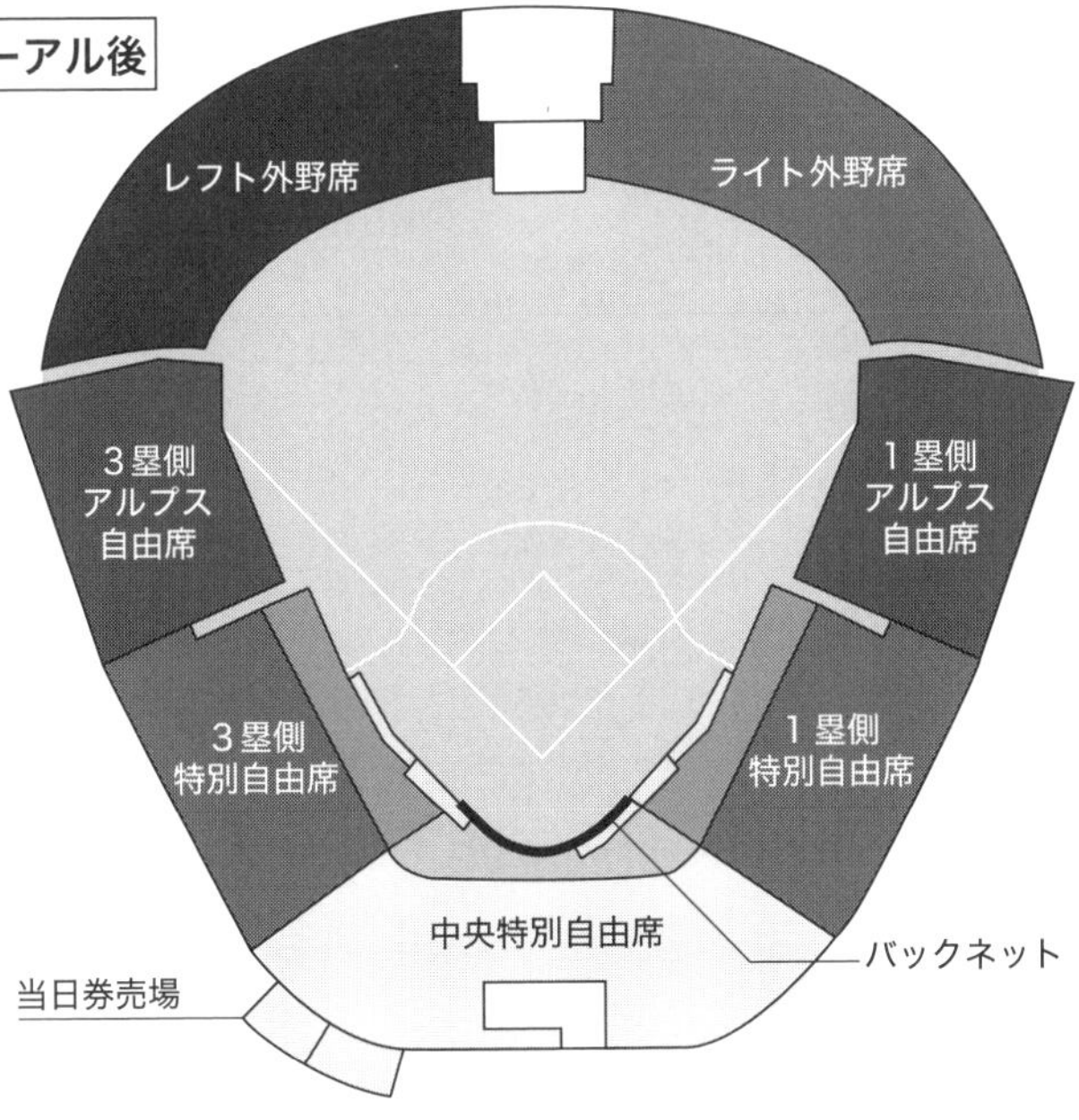

＊正式名は「阪神甲子園《はんしんこうしえん》球場」ですが、この本では「甲子園球場」としています。

感動をスタンドで
～感動する心をいつまでも持ち続ける

私が甲子園《こうしえん》のスタンドで高校野球大会を観戦した最初の試合は、一九七七年第五九回大会の準々《じゅんじゅん》決勝でした。それから決勝までの三日間を観戦しました。

その頃《ころ》は、バックネット裏《うら》の席は、今のように自由席ではなく、すべて指定席でした。私は、いつも一塁側《るいがわ》の内野席（自由席）で観戦していました。

スタンドの上には銀屋根がありませんでした。だから、太陽の光を直接《ちょくせつ》に浴びていました。普通《ふつう》なら、暑くてたまらないところ。でも、選手たちの熱いプレーが、暑さに文句《もんく》を言いたくなる気持ちを吹《ふ》き飛ばしてくれました。

準決勝は東洋大姫路《とうようだいひめじ》高（兵庫《ひょうご》県）と今治西《いまばりにし》高（愛媛《えひめ》県）の対戦。五回裏《うら》、東洋大姫路高の松本投手の左足をライナー[*1]が直撃《ちょくげき》しました。松本投手はマウンドに倒《たお》れました。しかし、簡単《かんたん》な手当てだけで、続投。今治西高は満塁《まんるい》[*2]です。東洋大姫路高は、スクイズ[*3]に備《そな》えて、左翼手《さよくしゅ》を遊撃手《ゆうげきしゅ》と三塁手の間に移動《いどう》させ、投手の後方を守らせたのです（左図参

＊１ ライナー：地面につかずに低くまっすぐ飛ぶ打球。
＊２ 満塁《まんるい》：１塁、２塁、３塁のすべてにランナーがいること。

照）。これは、相手打者に大きなプレッシャーを与《あた》えました。私はこんな守備《しゅび》を初めて見ました。結果、ピンチを乗り切りました。

○対○のまま、延長戦《えんちょうせん》に突入《とつにゅう》しました。一○回表《おもて》、東洋大姫路高はスクイズを決め一点先取。その裏、松本君が一点を守って、今治西高に勝ちました！

決勝戦は、東洋大姫路高と東邦《とうほう》高（愛《あい》知《ち》県）の対戦です。スタンドは、人、人、人の超《ちょう》満員となりました。

二回表、東邦高が一点先取。四回裏、東洋大姫路高にも、東邦高の三塁への悪送球で一点が入り、一対一のまま延長戦

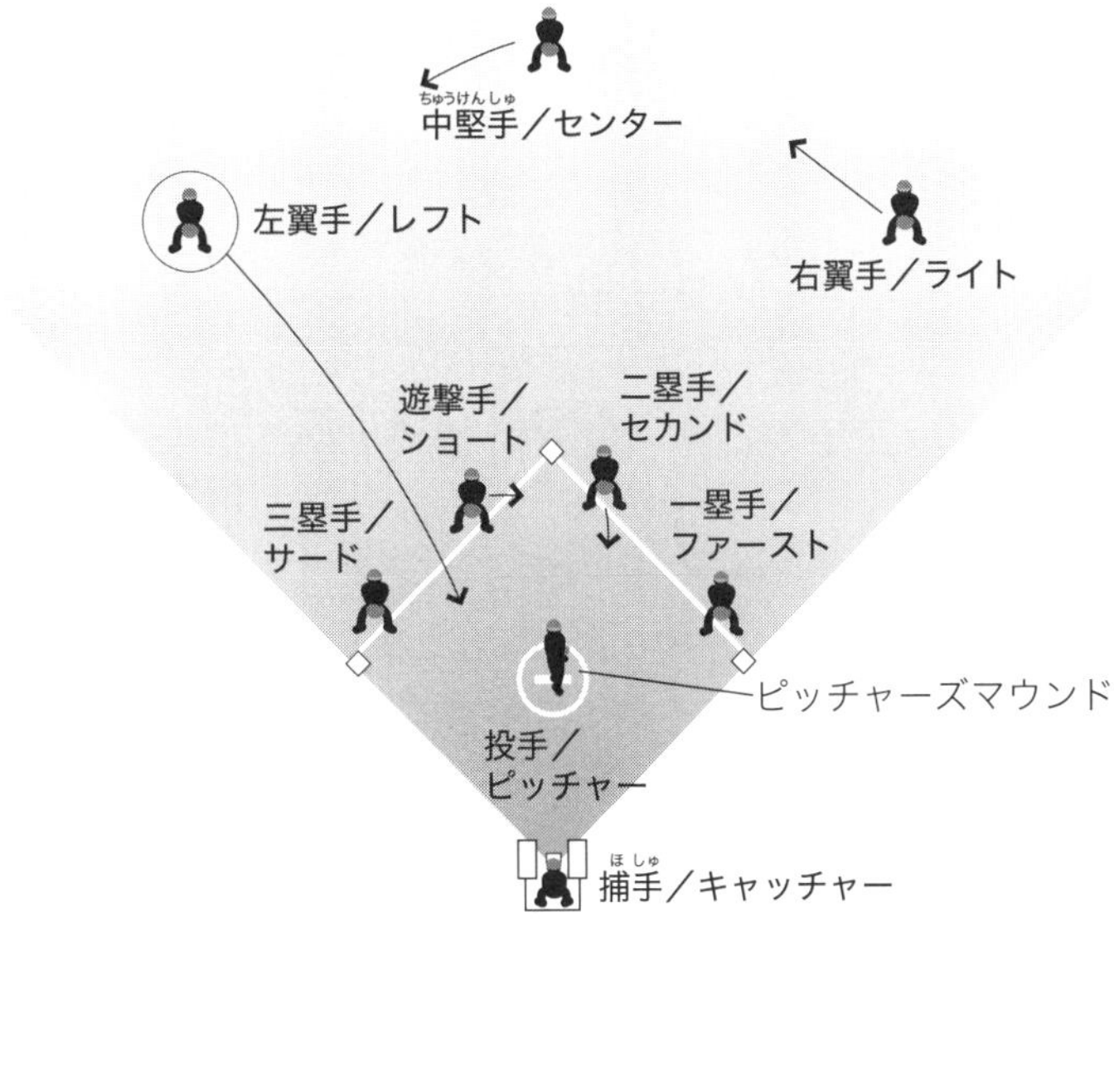

＊3 スクイズ：3塁《るい》ランナーをホームインさせるためのバント。

に入りました。東洋大姫路高《とうようだいひめじ》は、二試合連続の延長戦《えんちょうせん》です。

私も手に汗《あせ》を握《にぎ》って見つめました。一〇回裏《うら》、二死一、二塁《るい》*1。東洋大姫路高の主将《しゅしょう》・安井君がホームランを放ち、三得点。試合終了《しゅうりょう》！　劇的《げきてき》な幕切《まくぎ》れとなりました。決勝戦でのサヨナラホームラン*2は、長い歴史のあるこの大会でも史上初めてのことでした。

試合後の閉会式《へいかいしき》になっても感動はおさまりませんでした。この試合をスタンドで、自分の目で観《み》た興奮《こうふん》。私はすっかり高校野球の魅力《みりょく》に取りつかれてしまいました。

この年以後、私の甲子園《こうしえん》観戦が始まりました。私の夏休みの年中行事です。今年の夏で三五年目となります。

私の部屋に一枚《まい》の色紙が掲《かか》げられています。児童文学作家、椋鳩十《むくはとじゅう》さんが揮毫《きごう》された色紙です。そこに書かれている言葉は、「感動は　人生の窓《まど》を　開く」です。

感動する心は、人生を生き抜《ぬ》く大きな原動力になります。甲子園のスタンドは、感動の宝庫《ほうこ》です。毎夏の高校野球大会での感動は、私の命を洗濯《せんたく》してくれます。その数々の感動は、次の夏まで私の生活の柱になっています。

＊1 2死1、2塁《るい》：2アウトで、1塁と2塁にランナーがいること。

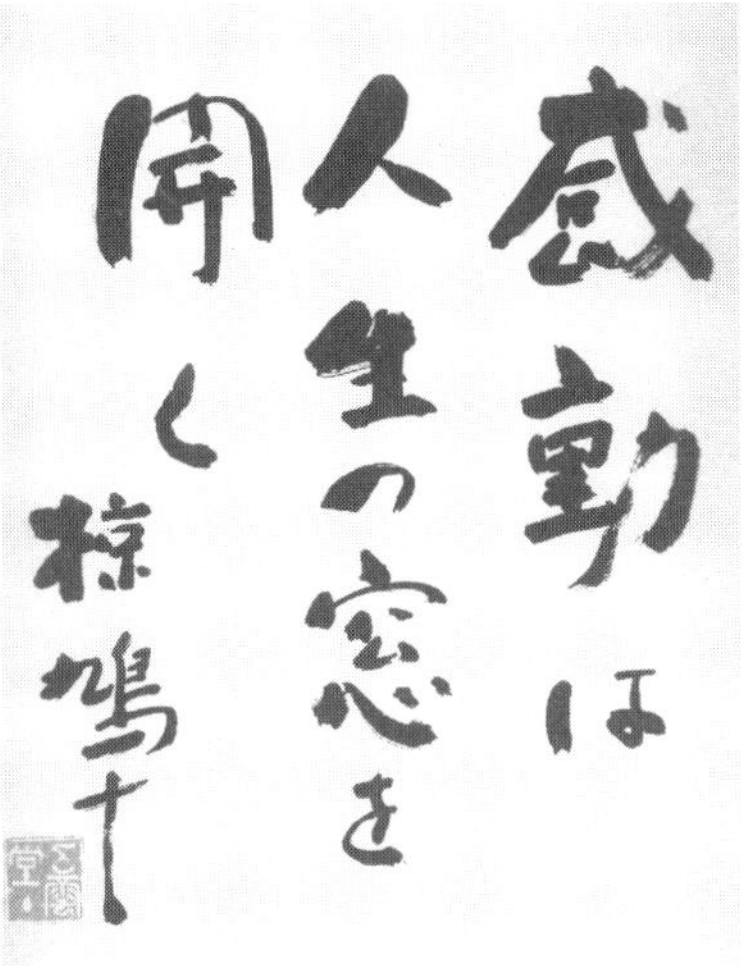

甲子園《こうしえん》歴史館内の高校野球ゾーンで、参加校の白球が並《なら》ぶボールウォールを見たときも感動。

＊2 サヨナラホームラン：後攻《こうこう》のチームの放ったホームランで勝ちが決まり、試合が終わること。

一年生の担任《たんにん》をしていたときのY君の感動も、忘《わす》れられません。

六月になると、プールでの水泳指導《しどう》が始まります。学級の子どもたちと初めてプールに入りました。子どもたちは大喜びですが、Y君は水の中で立ったまま体が小刻《こきざ》みに震《ふる》えています。水が怖《こわ》くてしょうがないのです。学級のみんなでプールの中を歩きましたが、Y君は動きません。私と手をつないで、少しずつ歩きました。Y君は、私の手を強く、強く握《にぎ》っています。「怖いよ、怖いよ」と叫《さけ》びながら。友だちが、「大丈夫《だいじょうぶ》」と声をかけてくれます。「大丈夫」の合唱がプールに響《ひび》きます。その声に押《お》されて、Y君の歩き方が早くなってきました。ついに、一人で二五メートルを歩ききりました。友だちの歓声《かんせい》、拍手《はくしゅ》。Y君は大きな声で泣き出しました。そして、私に抱《だ》きついてきました。

「ぼく、できました、歩けました」と、泣きじゃくりながら言いました。

その日の夜、Y君の母親から電話をいただきました。Y君がそのことを話をしてくれたそうです。家族みんなが、感動に包まれたそうです。

感動が誕生《たんじょう》したり、感動する心を持ち続けたりできるために、純《じゅん》なまなこで物事を見つめたり、かかわったりしなければならないと思っています。

私は五〇年間の子どもとかかわる生活で、子どもからたくさんの感動をもらいました。これが、教師《きょうし》生活の生きがいでした。「感動が、豊《ゆた》かな教師生活を開き続けた」のです。退職《たいしょく》した今となっては、そうした感動は、もっぱら甲子園《こうしえん》からもらっています。今年の夏は、どんな感動がスタンドで生まれるのでしょう。開会式が待ち遠しいです。

バックネット裏《うら》で観戦

～何事も準備《じゅんび》・下調べすることで楽しさが倍増《ばいぞう》する

一九八〇年代になって、バックネット裏《うら》の席が指定席から自由席になりました。それからは、私の観戦席はバックネット裏です。ここには三〇〇〇席ほどありますが、いつも早い時刻に満席になります。

連日観戦していると、自分の好きな席が決まるものです。ネット裏で観戦する常連《じょうれん》の人たちは、一人ひとり好きな席があります。もちろん人気の席というのがあります。それは、ネット裏中央の前の方の席です。しかし、そこは一日中太陽の光に包まれるところです。ネット裏中央の銀屋根の下の席も人気です。

これらの席を確保《かくほ》するのは、実は大変です。毎日、激《はげ》しい席取り合戦が繰《く》り広げられています。大会期間中、入場口前に午前三時頃《ごろ》から、あるいは、前日から徹夜《てつや》で並《なら》ばなければ確保できないほどです。しかも、大会の全日程《ぜんにってい》の前売り通し券を購入《こうにゅう》していなければ、それらの席には座《すわ》れません。なぜなら、開門の時刻《じこく》と当日券の販売《はんばい》時刻が同じだからです。

たとえ当日券を一番で購入しても、通し券のある人の後ろになってしまうのです。私がいつも座る席は、一番人気の席ではありません。私は次のことを条件《じょうけん》にして席を選んでいます。

①一日中席にいても直接《ちょくせつ》太陽の光が当たらない。②雨が降《ふ》っても傘《かさ》をささなくてもよい。③バックネットがなく、プレーがよく見える。④カメラマン席のすぐ後ろの席。席が空いていて見やすい。⑤横一列の座席数が少なく、出入りが楽にできる列。⑥朝、入場して席取り合戦をせずに確保できる。⑦試合が終わった後、両チームの選手が退場《たいじょう》する様子がはっきり見える。

自分の座りたい席を確保するためには、開門時刻前に並んでいなければなりません。開門時刻は、次のように決まっています。

・大会初日は、午前六時三〇分。
・一日四試合があるときは、午前七時。
・一日三試合があるときは、午前八時。
・一日二試合があるときは、午前八時三〇分。

・決勝戦は、午前一〇時。
しかし、この開門時刻《じこく》は、あくまでも予定なのです。観戦者が多いと、開門時刻が早くなる場合があります。天候が悪いときは遅《おそ》くなります。その日の組み合わせカードによっても変わります。

二〇一〇年第九二回大会では、次のような変更《へんこう》がありました。
・第六日目は朝から降雨《こうう》のため、開門は午前七時から午前八時に。
・第八日目、開門時刻は一〇分早くなり、午前六時五〇分に。土曜日だったからだろう。
・第九日目、午前八時予定の開門時刻が午前七時一五分と、四五分も早くなった。この日は日曜日であるうえに、第一試合は報徳《ほうとく》学園高対福井商《ふくいしょう》、第二試合に明徳義塾《めいとくぎじゅく》高対興南《こうなん》高、第三試合が延岡《のべおか》学園高対仙台育英《せんだいいくえい》高の好カードが組まれていたから。
・第一二日目、開門時刻は三〇分早く午前八時に。この日の準々《じゅんじゅん》決勝の組み合わせカードは、第一試合が関東《かんとう》一高対成田《なりた》高、第二試合は興南高対聖光《せいこう》高だった。その日、第一試合の開始時刻は午前一一時。試合が始まるまでの三時間を私は球場内で過《す》ごした。席を確保《かくほ》してから、仲間と球場内の喫茶店《きっさてん》でその日の試合の予想をしたり、スポーツ新聞を読んだりしていると時間がすぐたってしまう。

・第一四日目（準決勝戦）、開門時刻は午前八時一〇分と二〇分早くなった。試合は、第一試合が報徳学園高対興南高。第二試合は東海大相模《とうかいだいさがみ》高対成田高。

・第一五日目（決勝戦）、春・夏の大会連覇《れんぱ》をねらう興南高と、三三年ぶりに出場の東海大相模高の対戦。そのうえ土曜日だ。午前一〇時の開門時刻が午前八時三五分に。試合開始は午後一時。入場してから四時間半ほどあるが、時間を持て余《あま》すことはない。

こうした状況《じょうきょう》で、開門前に要領《ようりょう》よく並《なら》んで、希望の席を確保するのは、結構《けっこう》大変なことなのです。そこで、毎日試合が終わると、次の日の開門時刻を予想してから仲間と別れるのです。

私は一五日間の通し券を持っていますが、開門時刻の前に入場門前に並ぶことにしています。約三〇分から、長いときは二時間ほど待ちます。

毎夏、同じ席で観戦するためには、それなりの準備《じゅんび》をしたり、下調べをしたりすることがとても重要です。これは、高校野球の観戦だけではなく日常《にちじょう》の生活にも言えることです。

私は、甲子園《こうしえん》へ通うようになってからいっそう、何ごとでも前もってしっかり準備《じゅんび》をするようになりました。会議や研究会などに出席するときには、資料《しりょう》をていねいに読むようにしています。

以前からも心がけていたことでしたが、甲子園に通うようになってからはさらに意識的《いしきてき》になりました。

一方、会議などが終わったら必ず、振《ふ》り返るようにもしています。振り返りをしないと、忘《わす》れてしまうのです。会議を思い出しながら簡単《かんたん》なメモを資料に書き込《こ》んでおきます。

高校野球観戦の準備・下調べと、終了《しゅうりょう》後のメモは同じです。

・通し券を確実《かくじつ》に購入《こうにゅう》するために、発売日をメモしておく。通し券は、すぐに完売になりますから。

・大会期間中の宿の予約を早めにする。甲子園近くのホテルは、一年前でも満室のことがあります。

・週刊朝日増刊号《しゅうかんあさひぞうかんごう》「甲子園」を発売日に購入する。さまざまな参考資料を雑誌《ざっし》に貼《は》る。この資料が案外、観戦に役立つ。

・大阪に滞在中《たいざいちゅう》に必要な日用品をメモしておく。
・必要なものが大阪に移動《いどう》する初日までに届《とど》くように、宅配便《たくはいびん》で送る。
・阪神《はんしん》電車の時刻表《じこくひょう》をもらう。また、「らくやんカード」を買う。
・宿の近くの食べ物屋を調べておく。また、デパートの食品売り場なども見ておく。

実は、こうした甲子園の準備が、日常《にちじょう》生活でもどんどん生かされていたのです。

参考資料《しりょう》を貼《は》りつけ、メモをいっぱい書きこんだ週刊朝日増刊号《しゅうかんあさひぞうかんごう》「甲子園《こうしえん》」は、私の宝物《たからもの》。

魔物《まもの》がいました
～失敗したらどうする？　失敗した人がいたらどうする？

一九七九年八月一六日、第六一回大会の三回戦、和歌山《わかやま》代表・箕島《みのしま》高校と石川《いしかわ》代表・星稜《せいりょう》高校との試合で起きたことです。

この試合は、延長《えんちょう》一八回まで繰《く》り広げられた熱戦でした。三二年たった今でも鮮明《せんめい》に心に残っています。

午後四時過《す》ぎにプレーボール。九回が終わって、一対一。延長戦になりました。一〇回は、午後六時に始まりました。広い甲子園《こうしえん》がライトに照らされました。両校、がっぷり組んでのナイター戦です。

一二回表《おもて》、星稜は一死一、二塁《るい》。八番・石黒君が二塁ゴロ。ダブルプレー*1かと思ったら、箕島の二塁手・上野山君がボールを後ろにそらしてしまいました。二塁ランナーが好走してホームイン。

その裏《うら》の箕島の攻撃《こうげき》は、簡単《かんたん》に二死となりました。私は、これで終わりかなと思って帰

＊1　ダブルプレー：１つの機会に２つのアウトを同時にとること。ゲッツー、併殺《へいさつ》とも。
＊2　ラッキーゾーン：野球場で、外野スタンドと、その前に設《もう》けられたフェンスとの間の区域《くいき》のこと。ここに打球が直接《ちょくせつ》入った場合は、ホームランとなる。

りの支度《したく》を始めました。

打者は、一番・嶋田《しまだ》君。バッターボックスに向かう前、尾藤監督《びとうかんとく》が嶋田君に声をかけ、尻《しり》を叩《たた》きながら送り出しました。

嶋田君は打席に入り、監督のサインを見ています。尾藤監督はいつものスマイルでサインを送っています。二球目、嶋田君がフルスイング。ボールはぐんぐん伸びていき、レフトのラッキーゾーン＊2に吸《す》い込《こ》まれました。同点ホームラン！　延長戦は続きます。

一四回裏、箕島の攻撃。森川君がヒットで出塁。送りバント＊3で二塁へ。そして、無謀《むぼう》と思われるような三塁への盗塁《とうるい》＊4。ヘッドスライディングです。三塁の塁審《るいしん》の両手が横に広がりました。盗塁成功で、いよいよ「サヨナラ」のチャンスです。箕島のアルプススタンドの応援《おうえん》のボリュームが高まります。

私は、身を乗り出して次のプレーを見守っていました。尾藤監督は、どんなサインを送るのだろうか？

星稜の堅田《かただ》投手は、なかなか投げません。緊張感《きんちょうかん》でいっぱいなのでしょう。三塁ランナーの森川君は、監督のサインを見ます。よく見るために少しベースを離《はな》れました。三塁手が

＊3　送りバント：バットを振《ふ》り回さずにボールに確実《かくじつ》に当て、塁《るい》にでているランナーを先の塁に進めること。自分の打席を犠牲《ぎせい》にしてランナーを進めさせるため、犠打《ぎだ》ともいう。
＊4　盗塁《とうるい》：ランナーが守備側《しゅびがわ》のすきに乗じて走り、先の塁に進むこと。

ボールを中に隠《かく》したグローブを森川君の背中《せなか》にタッチ。三塁塁審《るいるいしん》の右手が空を突《つ》き刺《さ》しました。

アウト！　隠《かく》し球《だま》＊だったのです。

ランナーなしになってしまいました。そして、延長戦《えんちょうせん》は続きます。

一六回表《おもて》、二死、一、三塁。星稜《せいりょう》のチャンス。そこで主将《しゅしょう》・山下君がタイムリーヒット。一点が入りました。これで星稜の勝利だと多くの人たちが思ったでしょう。

星稜の応援《おうえん》は、ピークに達していました。しかし、箕島《みのしま》の応援もそれに負けまいと必死。球場の照明が一段《いちだん》と明るくなったように思えました。

一六回裏《うら》、箕島は二死でランナーはいません。打者は、隠し球でアウトになった森川君です。バッターボックスに入る森川君には力が入っている様子が、私にもわかりました。第一球からフルスイング。ボールは一塁側のファウルフライとなりました。一塁手の加藤《かとう》君が追っていきます。加藤君は手を上げています。万事休すか。

そのときです。加藤君が転倒《てんとう》。手を伸《の》ばした少し先にボールが落ちました。ファウルボール！　加藤君は、グラウンドの土と人工芝《しば》の境目《さかいめ》につまづいたのです。ボールから目をは

＊隠《かく》し球《だま》：ランナーがいる際、守備側《しゅびがわ》の選手がボールを隠し持ち、ランナーが塁《るい》をはなれた瞬間《しゅんかん》にタッチしてアウトにすること。

なさずに追っていた加藤君は、下を見ていなかったのです。

命拾いをした森川君は、再《ふたた》びバッターボックスに入る前にベンチを見ました。ベンチから乗り出している仲間が声をかけています。尾藤監督《びとうかんとく》は変わらぬスマイルで、森川君に何か言っています。一塁側の箕島の応援団《おうえんだん》の声が、いっそう大きくなりました。

四球目。森川君の打ったボールは、左中間へ大きな弧《こ》を描《えが》きながらぐんぐん伸びていきます。外野フェンスを越《こ》えました。同点のホームランです。箕島のベンチは、全員飛び上がっています。次の打者は、凡打《ぼんだ》。同点でこの回は終了《しゅうりょう》しました。


私は、星稜の選手や山下監督が、加藤君をどう迎《むか》えるのかが気になりました。加藤君が転倒しなければ試合はそこで終わっていました。加藤君はうなだれ、肩《かた》を落として、三塁側のベンチに向かって歩いていました。ライトの音君が、加藤君に何か話しかけながらベンチへ一緒《いっしょ》に歩いていきました。ベンチでは、加藤君の肩をたたく選手が何人もいました。

山下監督が合図をすると円陣《えんじん》がつくられました。何を話したかはわかりません。まもなく元気な声を掛《か》け合い、円陣が解《と》かれました。三対三のまま延長戦は続きます。

一八回裏《うら》、この回に箕島《みのしま》が点を入れなければ引き分け再試《さい》合になります。先頭打者は、代打の辻内《つじうち》君。四球。上野山君、三振《しん》。北野君、四球。一死、一、二塁《るい》。五番・上野君は、初球をセンター前へ。上野君のサヨナラヒットでゲームは終了《しゅうりょう》！　スコアボードの大時計は、午後八時少し前を指していました。実に三時間五〇分の熱戦でした。

箕島高校の選手は、バックネット前に並《なら》び、校歌を歌いながら校旗が上がるのをじっと見ていました。やりぬいたという姿《すがた》です。

三塁側のベンチ前に並んでいる星稜《せいりょう》高校の選手の中には、うなだれている者、帽子《ぼうし》を深くかぶっている者がいて、箕島高校の選手とは対照的でした。加藤《かとう》君は、終始うなだれていました。その姿に、私は、（加藤君は堂々とプレーしたではないか。勝負には負けたけれど、君のひたむきなプレーは見事！）と、声をかけてあげたい気持ちでいっぱいでした。

加藤君は、その後、応援団《おうえんだん》のいるアルプススタンドへの挨拶《あいさつ》のときも、うなだれたままでした。涙《なみだ》をぬぐっているようにも見えました。

甲子園《こうしえん》には魔物《まもの》が住んでいると、よく言われています。この試合では、その魔物をたくさん見ることになりました。スポーツは、筋書《すじが》きのないドラマだとも言われます。まさに、この試合のことだと思いました。

普通《ふつう》では考えられないことが次々と起こりました。勝利の女神《めがみ》は星稜に向いたり、箕島に向いたりしていたのです。

この試合を見た私は、ますます高校野球の魅力《みりょく》に取りつかれてしまい、もうのがれることができなくなりました。

その夏、箕島高校は準々決勝《じゅんじゅん》で東東京《ひがし》代表の城西《じょうさい》高校と対戦し、四対一で勝利。準決勝では、神奈川《かながわ》代表・横浜《よこはま》商業高校を三対二の接戦《せっせん》で破りました。決勝は徳島《とくしま》代表・池田《いけだ》高校と対戦し、八回に逆転《ぎゃくてん》、四対三で初優勝《はつゆうしょう》を飾《かざ》りました。箕島高はこの年、春・夏の大会で連続優勝しました。この記録は史上三校目でした。

もし、嶋田《しまだ》君が一二回にホームランを打たなかったら、一六回に星稜の加藤君が転倒《てんとう》しないでファウルボールを捕球《ほきゅう》していたら……。

私は、両校の選手から、「全力でやりぬくことの価値《かち》」、「決してあきらめてはならないこと」を思い知らされました。三時間五〇分、ハラハラドキドキの連続でした。延長戦《えんちょうせん》に入ってからは、一瞬《いっしゅん》も目をはなすことができませんでした。

私は、両校の選手がグラウンドから去っても、なかなか席を立てませんでした。グラウンドを整備《せいび》している人の動きを見ながら、試合を振《ふ》り返っていました。係の方にうながされてやっと立ち上がり、グラウンドを後にしたのは午後八時三〇分頃《ごろ》だったでしょうか。

帰りの電車の中、星稜《せいりょう》の応援団《おうえんだん》の人たちが口ぐちに言っていました。

「加藤《かとう》君が落球しなければ勝ったのに……。」

「なんで足元を見なかったのか？」

「勝ったという気持ちになって気持ちがゆるんだのではないか。」

「あのとき、加藤は大丈夫《だいじょうぶ》と手をあげていたよね。」

私は、「違《ちが》う」と思いました。加藤君が捕球《ほきゅう》していれば星稜の勝利でしたが、加藤君は落球したのではありません。転倒《てんとう》したのです。

私は応援団の人たちの話に、つい口を出してしまいました。残念ながら、彼《かれ》らには私の言葉は通じませんでした。そのまま電車は終点の梅田《うめだ》に到着《とうちゃく》しました。

私の心に強く残っている加藤君のことが、二〇〇〇年第八二回大会の週刊朝日増刊号《しゅうかんあさひぞうかんごう》「甲子園《こうしえん》」の中にありました。

私はこの文章にとても心が癒《いや》されたので、一部を紹介《しょうかい》させていただきます。

（前略《ぜんりゃく》）試合が終わって、整列したことも、どうやって宿舎《しゅくしゃ》に戻《もど》ったかも、加藤さんはまったく覚えていないという。だが、その夜、甲子園の宿舎近くの浜辺をみんなで歩いた記憶《きおく》だけは鮮明《せんめい》に残っている。

「つらかった練習や、監督《かんとく》に怒《おこ》られたことなんかをはなしているみんなの輪に、どうしても加われませんでした。気にするなとは言ってくれるけど、やっぱり申し訳《わけ》なくて」

地元に戻って、高校の同級生たちから、「目立ちたくてわざとやったんだろう」とからかわれたが、「自殺したんじゃないか」と心配されるよりも、気が楽だった。あの試合のことで嫌《いや》な思いをしたことは、ほとんどないという。

「自分はのんびりした性格《せいかく》だし、落ち込《こ》んだのはその一日だけでした」

と、加藤《かとう》さんは言う。

むしろ、この苦い経験《けいけん》が、思わぬところで役に立った。

二〇歳《はたち》になって自動車販売《はんばい》会社に勤《つと》め始めたときのこと。営業《えいぎょう》中、たまたま客と野球の話になった。

「箕島《みのしま》戦はいい試合だった。あの一塁手《るいしゅ》のバカたれが捕《と》っておったら、勝ってたのに」

そう残念がる客に、

「実は、私があの一塁手なんです」

と告白した。客は一瞬絶句《いっしゅんぜっく》したが、こう続けた。

「買うつもりはなかったけど、そりゃ買わなしょうがないな」

これは使える。その後は、わざと一塁手の話にもっていくようにした。車は、おもしろいように売れ、その年、職場《しょくば》の中で優秀《ゆうしゅう》新人賞をとった。

ただ、投手だった堅田外司昭《かしだとしあき》選手に、謝《あやま》りたいという気持ちはずっとあったという。人にも、「彼《かれ》に悪かった」と言ってきた。

それが三年前、堅田選手がテレビで、こう話しているのを聞いたことで、心境《しんきょう》に変化が生まれた。

「あそこで自分がホームランを打たれなかったら、加藤はあんなことを言われなかった。加藤のせいなんて、全然思っていません」

うれしかった、と加藤さんは言う。それ以来、「悪かった」と口にすることはなくなった。（後略《こうりゃく》）

（週刊朝日増刊号《しゅうかんあさひぞうかんごう》「甲子園《こうしえん》」《二〇〇〇年八月刊《かん》》――一一〇ページより引用――）

甲子園《こうしえん》のスタンドでは、何万人もの人がプレーを見ています。そして、ひとつのプレーの見方、感じ方、考え方も何万とあるのです。私は、相手の側に立って、事実を見ることの大切さを学ぶことができました。

人間、誰《だれ》しも失敗はあります。間違《まちが》ってしまうこともあります。そのとき、失敗や間違いを素直に受け止めることができるかどうかによって、生き方が変わってきます。一番いけないのは、ミスを人のせいにすることです。そうではなく、ミスの要因《よういん》をていねいに考えるのです。そうすると、これからの自分の在《あ》り方が見えてきます。どうしたらよいのかがわかります。失敗がプラスに働くのです。失敗することに価値《かち》があります。

私は子どもたちに、「学校は間違《まちが》うところ、失敗するところです」と言ってきました。間違ったり、失敗したりをたくさんすると、間違いや失敗は少なくなります。同じミスをしなくもなります。

失敗した人を悪く言ったり、批判《ひはん》したりするのは簡単《かんたん》です。でも、事実を正しく見ているでしょうか。その人の立場になって考えているでしょうか。もし自分が言われたらどう思うか、を想像《そうぞう》しているでしょうか。

失敗した人が立ち直ったり、元気を出したりできるようなかかわりをしたいです。

甲子園《こうしえん》のスタンドからは、失敗をしたときのやさしく、温かいかかわり合いの光景をたくさん見ることができます。見る側の心が育てられます。

私は、甲子園で起こるたくさんの失敗とその後の様子を見てきたからこそ、テストなどで失敗した子どもたちに対して、「失敗は成功のもとである」ことを伝えられてきた気がします。

俳句甲子園《はいくこうしえん》

～一瞬《いっしゅん》一瞬を見逃《みのが》さないこと

二〇〇一年一二月四日金曜日、学校から帰宅《きたく》していつものように、その日届《とど》いた郵便物《ゆうびんぶつ》に目を通しました。三枚目《まいめ》のはがきにびっくり！　すっかり忘《わす》れていたことについての便りでした。

それは、第三回「俳句甲子園《はいくこうしえん》」に、私の応募《おうぼ》した句が入選したという知らせでした。そうだった。夏のあの甲子園でつくったんだと、私は思い出しました。

届いたはがきを見ていると、真夏の甲子園が蘇《よみがえ》ってきました。なにかそれは遠い過去《かこ》のことのように感じられました。

「俳句甲子園」の募集《ぼしゅう》は、一九九九年から実施《じっし》されていました。夏の大会開催中《かいさいちゅう》には、連日、朝日新聞の高校野球の試合結果を報《ほう》じているページに俳句の募集告知がありました。

その告知とともに著名《ちょめい》な人のつくった句が掲載《けいさい》されていました。当時の私には、その俳句を読むことも楽しみのひとつでした。でも、私は、それまで俳句づくりとはまったく縁《えん》がありませんでした。ところが、あることがきっかけで、「五・七・五」に熱戦への想いをまとめてみようと思ったのです。

あるとき、甲子園仲間の一人溝下《みぞした》さん（一八五ページ参照）が開会式が終わった後に、朝日新聞を取り出し、「俳句甲子園」の告知を見せながら、こう言ったのです。

「私、今年は、球児の熱戦のプレーを俳句にしてみようと思っているんです。先生もつくってみたらどうですか。いっしょにやりましょうよ」と。

でも、私は、正直言ってあまり気乗りはしませんでした。

毎試合をスコアブックに記録している溝下さんは、記録の整理とともに試合の感動を俳句にしていました。その日の第三試合が終わった後、詠《よ》んだ句を私にも見せてくれました。

「こんなのは、俳句ではないですよね」

と言われたとき、私は、

「なかなかではありませんか。熱戦のようすが伝わってきますよ。センスがいいですよ。明日はどんな句ができるのかな。楽しみです」

と、感想を述《の》べたのです。そうすると、

「先生もつくったのでしょ。見せてくださいよ。」

「いやいや、私はつくってませんよ。そんなセンスはありませんから。」

「上手下手《じょうずへた》ではありませんわ。球児のプレーを俳句《はいく》にすることが、球児のプレーへのお返しです。」

溝下さんの「お返し」という言葉に、私の心は大きくゆさぶられました。

次の日からは、試合の後、プレーを思い浮《う》かべては、なんとか、五・七・五に言葉を並《なら》べていたのです。でも、とても俳句とはよべないものだと思っていました。


その夏の大会も終わり、東京に帰った後、留守《るす》にしていた間の仕事の処理《しょり》をしていました。そんなときに、溝下《みぞした》さんから便りが来ました。俳句を応募《おうぼ》したということでした。そして、送った句も書いてありました。次の七句です。

汗泥《あせどろ》の　誇《ほこ》れし君の　ユニホーム
深呼吸《しんこきゅう》　空仰《あお》ぎ見る　夏エース

夏盛《さか》る　身を乗り出したり　この一球
接戦《せっせん》に　西日まぶしき　甲子園《こうしえん》
汗拭《ぬぐ》う　袖《そで》重たきや　延長戦《えんちょうせん》
宣誓《せんせい》の　とおり溌剌《はつらつ》　夏球児
負けてなお　絆《きずな》深まる　甲子園

溝下さんの句を一句一句読んでいると、ひとつひとつの夏の感動が鮮明《せんめい》に私の脳裏《のうり》を駆《か》け巡《めぐ》りました。

(そうか、こんな短い文でも、こんな効果《こうか》があるのか。今の感動をいつか思い出すために自分もやってみようか。)

私は、そう思ってつくった俳句を推敲《すいこう》し、応募したわけです。

甲子園　汗だ　涙《なみだ》だ　輝《かがや》きだ
せみの音《ね》や　飛ぶ白球に　打ち消され

空高く　バットの響《ひび》き　甲子園《こうしえん》
土に描《か》く　涙《なみだ》の点や　甲子園
審判《しんぱん》の　コールも消えるや　甲子園

これらは、今読んでも恥《は》ずかしくなるものばかりです。まさか入選するとは……。

入選したのは、「空高く　バットの響き　甲子園」でした。

私には、入選した句のどこがよいのかわかりません。

それでも私にすれば、これらの句を読み返すたびに、あのときのシーンが蘇《よみがえ》ってくるのです。

選者は、有馬朗人《ありまあきと》さん（元文部大臣・俳人《はいじん》）と黛《まゆずみ》まどかさん（俳人）。応募句総数《おうぼくそうすう》は一六万六八六五句。入選句は、六〇〇〇句とのことでした。

溝下《みぞした》さんの句も入選しました。入選の句は、「接戦《せっせん》に　西日まぶしき　甲子園」。

溝下さんが、はずんだ声で電話をくれました。

「俳句づくりに、少し自信がつきましたわ。来年も挑戦《ちょうせん》しましょうね。」

二〇〇二年三月の初め、NTT出版《しゅっぱん》から一冊《さつ》の書籍《しょせき》が届《とど》きました。それは『第三回 俳《はい》句《く》甲子園《こうしえん》』という本でした。二七三ページにわたり、たくさんの句が並《なら》んでいます。ページを繰《く》って一句一句を読み進めました。（なるほど、よくわかる）、（これは、あのプレーのことだ）などと思いながら読み進めました。楽しい時間が誕生《たんじょう》しました。

選者のお二人の文章にも感動したので、紹介《しょうかい》させていただきます。

新世紀を迎《むか》えて

黛《まゆずみ》まどか

時代は二十世紀から二十一世紀へと移《うつ》りました。第八十三回を迎えた「全国高校野球選手権《せんしゅけん》大会」。物事の移り変わりが激《はげ》しい昨今にあって、アマチュアの高校生による野球大会が世紀を越《こ》えて愛されつづけ、熱い感動をよぶのはなぜでしょうか。私たちは、球児たちの姿《すがた》に、忘《わす》れていたそれぞれの青春の一瞬《いっしゅん》をあるいは時代の一瞬を見出し、その眩《まぶ》しさを瞬間的《しゅんかんてき》にとり戻《もど》すことができるからなのかもしれません。

さて、私たち「俳句甲子園《はいくこうしえん》」も新世紀を迎《むか》えることとなりました。一回、二回、三回と回を重ねるごとに、馴染《なじ》みの顔も増《ふ》え、選句もますます楽しくなってきました。また、家族で、学校で、職場《しょくば》で、作句に親しみ、競い合って投句してくださる皆《みな》さんも増えてきています。これは「俳句甲子園」が広く認知《にんち》され、定着してきたという証《あかし》でしょう。

俳句は、一期一会《いちごいちえ》を詠《よ》みとめるものです。球児たちが甲子園でくり広げるドラマの一瞬一瞬《いっしゅん》を見逃《みのが》さず、俳句という器に永遠に残してゆくのです。十七文字という球場で、今回も十六万六千八百六十五人にものぼる人々が、汗《あせ》を流し、二度と巡《めぐ》り合うことのない感動の瞬間《しゅんかん》に俳句を介《かい》して立ち合ったのです。そこに紡《つむ》がれた数々の俳句は、甲子園球児たちが見せてくれる感動のワンシーンと同様に、私たち読者に熱い感動をもたらしてくれます。（後略《こうりゃく》）

句材の発見

有馬《ありま》朗人《あきと》

（前略《ぜんりゃく》）俳句甲子園の優秀《ゆうしゅう》な句には、その作者の観察した上でのある喜びが溢《あふ》れているようです。ある喜びとは、マウンドで野球をする高校生たち、それを声の限《かぎ》りに応《おう》援《えん》する生徒たちの大きな渦《うず》をなしてゆく喜びに支《ささ》えられたものでしょう。

俳句を詠むことは、そういう大きな喜びに浸《ひた》り、触《ふ》れるということではないでしょうか。それは、詠む人の力であり、また同時に俳句の力なのです。

自分なりの句材を高校野球のなかに発見し、俳句甲子園に参加することが、貴《き》重《ちょう》な体験なのです。

今年は正岡子規《まさおかしき》の没後《ぼつご》百年。一月には正岡子規が野球界の殿堂《でんどう》入りを果たしました。野球の用語を日本語訳した子規です。そういう記念すべき年の第三冊《さつ》目の本書となったわけです。

（第三回　俳句甲子園　―七・八ページと二七二・二七三ページより引用―）

私はお二人の文章を読み、俳句《はいく》の奥行きの深さを感じました。そして、来年の甲子園《こうしえん》のスタンドで、また、熱戦を観《み》て、俳句を詠《よ》み、応募《おうぼ》しようと決めました。

ところが、二〇〇二年の夏の大会からは、俳句甲子園の募集《ぼしゅう》はなくなってしまいました。私は、最後の回に応募できたことになります。そして、この年齢《ねんれい》になってはじめて、俳句をつくる喜びを知ったのです。これは甲子園のおかげです。

こんなことはできない、これは不得意だ、これは自分には無理だ、などということはたくさんあります。だからといって挑戦《ちょうせん》しないでいると、そのままの自分で終わってしまいます。心を奮《ふる》い起して挑戦を試みることです。

物事に挑戦するということは、新しい自分を発見することなのです。自分の持つ可能性《かのうせい》を開花させることができるのです。年齢に関係なく、いろいろなことに挑戦してみたいものです。

私は、甲子園での高校野球の観戦で、生まれて初めて俳句づくりをしました。詳《くわ》しい作法はわかりません。でも、挑戦をしました。

この体験でわかったことは、俳句をつくろう、つくろうと思ってもなかなかできないということです。俳句をつくるときに肝心《かんじん》なのは、ひとつひとつのプレーをしっかりと観ることなのです。プレーの一瞬《いっしゅん》一瞬を見逃《みのが》さないようにすることです。そして、心に強く響《ひび》いたことをメモしておきます。心のカメラで撮影《さつえい》します。そして、「五・七・五」にまとめます。

上手《じょうず》につくろうと思うのではなく、心のカメラに写っている光景を言葉で描《えが》こうと考えます。ほかの言葉では表現《ひょうげん》できないかを考えます。自分が納得《なっとく》できたら、完成です。

同じ光景を俳句にしても、つくる人が違《ちが》うといろいろな句が生まれます。それは、俳句をつくる人の見方、考え方、感じ方が違うからです。同じ題材の俳句を読むと、だんだんと良さがわかってきます。教えられたり、学んだりすることができます。つくる楽しさ、おもしろさがふくらみます。

「時刻《じこく》」と「時間」
～納得《なっとく》いくまで質問する

朝日新聞大阪版《おおさかばん》の朝刊《ちょうかん》には、夏の高校野球大会期間中、連日、その日の組み合わせと昨日の試合の結果が一面に囲みで載《の》っています。二〇〇二年からは、何時に開門するかが表示されるようになりました。それに合わせて甲子園《こうしえん》球場に行けばよいのですから、とても便利です。

ところが、「きょうの開門時間」になっています。そこで、帰京後（二〇〇二年八月）、朝日新聞大阪本社広報室《こうほうしつ》に、「『時間』ではなく『時刻《じこく》』ではないでしょうか」と、問い合わせをしました。

すると、新聞社の方は時間でいいのだと主張して、なかなかわかってもらえませんでした。そこで、新聞記者をしている友人に尋《たず》ねてみました。すると彼《かれ》は、「そりゃだめ。許容《きょよう》、慣用《かんよう》で通ることだから、間違《まちが》いとは認《みと》めはしないよ。新聞社も面子《めんつ》があるからね」とのことでした。

それでもすっきりとしないので、もう一度手紙を書いてみました。私は、「時間」と「時刻」とを小学校二年生では区別して指導《しどう》していることを書き、教科書のコピーも添付《てんぷ》しました。そうしたところ、八月二八日付けで朝日新聞大阪本社広報室から次の返信がきました。

謹啓《きんけい》　日ごろの児童教育へのご精励《せいれい》、敬服致《けいふくいた》します。

この度、お手紙をいただきました。弊社《へいしゃ》紙面の全国高校野球選手権《せんしゅけん》大会の「きょうの開門時間」について、「開門時刻」が正しいとのご指摘《してき》でした。また、貴校《きこう》で使用されている2年用の教科書にある「時間と時こく」も資料《しりょう》として頂戴《ちょうだい》し、ご指導内容《しどうないよう》も承《うけたまわ》りました。子どもの教育という大切な仕事に、改めて頭が下がる思いです。

ところで、教育者の大先輩《だいせんぱい》に、言葉について申し上げるのはまさに「釈迦《しゃか》に説法《せっぽう》」ですが、日本語はあいまいな言語で、同じ文字、言葉が複数《ふくすう》の意味合いを持っています。「時間」を辞書で調べますと、同封《どうふう》コピーのように、各辞書とも、２番目の意味として「時の流れのある一点、時刻」「俗《ぞく》に、時刻と同義」としています。この使い方は一般《いっぱん》に使用されていて、誤用《ごよう》とはされていません。弊社《へいしゃ》の校閲部《こうえつぶ》も同じように理《り》解《かい》しています。

つまり、小学生に、正しく知ってもらうためには、先生のご指摘《してき》通りだと存《ぞん》じます。しかし、子どもが大人になり、社会に出れば、時間という言葉が多様に使われていることを知ることになります。これを一切排除《いっさいはいじょ》し、認《みと》めないのはいかがなものかと存じます。

また、ご指摘の中に、応対《おうたい》の悪さがありましたが、そうであるとすれば申し訳《わけ》ありませんでした。ご指摘を真摯《しんし》に受け止め、今後に生かさせていただきます。

今後ともご鞭撻《べんたつ》、ご教示《きょうじ》、よろしくお願いいたします。

謹白《きんぱく》

同封《どうふう》されていたコピーは、次のようなものです。

・大辞泉《だいじせん》（小学館）

②時の流れの中の、ある一点。時刻《じこく》。とき。「―通りに再開する」「出発の―に間に合う」

・大辞林《だいじりん》（三省堂）
②時の流れのある一点。時刻。「集合―」
・広辞苑《こうじえん》（岩波書店）
②俗《ぞく》に、時刻2と同義。「帰りの―が遅《おそ》い」

私は八月二八日付の朝日新聞大阪本社広報室《こうほうしつ》からの文書を受けて、次のようなＦＡＸを送信しました。

八月二八日付、貴室《きしつ》からのご回答、ありがとうございました。早々にご回答いただき、さすが天下の「朝日」と感嘆《かんたん》いたしました。拝読《はいどく》し、小生の考えの狭《せま》さ、いたらなさをご教示いただき、深謝《しんしゃ》いたします。

ご回答に、辞書のコピーを添付《てんぷ》していただき、これまた深謝。（小生、一応《いちおう》、専門《せんもん》教科は、国語科。はずかしい限《かぎ》りです。）

とてもよくわかるご回答でした。

いつまでも、「時間と時刻《じこく》」にこだわっていて申し訳《わけ》ありません。
次の三点についてご教示ください。
1、「開門時刻」でも、恐《おそ》らく支障《ししょう》がないように思います。どんな理由から「時刻」という語をご使用にならなかったのでしょうか。
「ご回答の中の『これを一切排除《いっさいはいじょ》し、認《みと》めない』頭の固い小生が、自ら変容《へんよう》するために。」
2、貴社《きしゃ》では、「時刻」という語の方がふさわしいような場合でも、「時間」という表記で統一《とういつ》なさっておられるのでしょうか。
「ご回答の中の『日本語はあいまいな言語で、同じ文字、言葉が複数《ふくすう》の意味合いを持っています。』とかかわって、考えたいのです。」
3、前記2と重なるかもしれません。
貴社のご紙面では、「時刻」という語は、ご使用にならないのでしょうか。万が一でも、ご使用になるとしたら、どんな条件《じょうけん》がおありなのでしょうか。

「ご回答の中の『しかし、子どもが大人になり、社会に出れば、時間という言葉が多様に使われていることを知ることになります。』というご教示を裏付《うらづ》けるためにも。」

よろしくお願い申し上げます。(小生使用の五冊《さつ》の辞書のコピーも送りました。これこそ「釈迦《しゃか》に説法《せっぽう》」とは思いますが。)

本日、質問電話でご対応《たいおう》くださった方にもよろしくお伝えください。

誠《まこと》にはずかしいです。小生、機械音痴《おんち》です。そのため、ワードプロセッサーやパーソナルコンピューターが使用できません。手書きで申し訳《わけ》ありません。お許《ゆる》しの程《ほど》を。

以上

二〇〇二年九月二日

神林照道

朝日新聞大阪本社広報《こうほう》室様

送信した辞書は、つぎのものです。

・新潮現代《しんちょうげんだい》国語辞典　第二版（新潮社）

時刻《じこく》①ときの流れの瞬間的《しゅんかんてき》な一点。「送別の宴《うたげ》を兼《か》ねて、友芳が卒業を祝さばやと、其―までも定めしかど［当世書生気質］」「約束の―［普請中］」「夜の十二時ごろ、家族の寝《ね》静まった―をはかって［女人］」

・日本語大辞典　第二版（講談社）

時刻《時間との混同《こんどう》に注意》①時の経過《けいか》のうちの特定の一瞬《いっしゅん》。きまった時。用例　発車―。

・岩波国語辞典　第六版（岩波書店）

時刻　①時の流れの、ある一瞬。▽時の二点間の長さをさす「時間」に対し、その一点を言う。「刻」はきざみ目の意。

・国語大辞典（小学館）

時刻　①時の流れの瞬間的な一点。

・広辞苑《こうじえん》（岩波書店）

時刻　①一瞬一瞬を刻《きざ》みつつ流れるものとしての、とき。②時の流れにおけるある一瞬。時点。ふつう、地方時を用い、正子（しょうし）からの時間によって表す。「発車の―が迫《せま》る」↓時間。

しかし、そのＦＡＸにはご返事をいただけませんでした。そこで、私は、二〇〇二年九月一二日に次のようなＦＡＸを朝日新聞大阪本社広報室《こうほうしつ》へ送信しました。

去る九月二日に、今回送信するものと同じものを送信させていただきました。昨日までには、ご回答をいただいていません。もしかするとＦＡＸが届《とど》かなかったのかと思っています。再度《さいど》の送信で申し訳《わけ》ありません。お忙《いそが》しい中、わがままを言ってすみません。よろしくお願い申し上げます。（九月二日と同じ文書と辞書のコピーを送信。）

すると、九月一四日、朝日新聞大阪本社広報室から次の文書が届きました。

拝復《はいふく》　新学期が始まり、日々、児童教育にお励《はげ》みの段《だん》、敬服《けいふく》いたしております。この度、改めてお問い合わせ、並《なら》びにお問い合わせの再確認《さいかくにん》をいただきました。

ご質問の1は「開門時間」の紙面表記は「開門時刻《じこく》」で支障《ししょう》がないのではないかとのお尋《たず》ねです。ご指摘《してき》の通り支障はありません。辞書的な意味合いからは、第一の設《せつ》営《えい》に登場する「時刻」が正しいのは言うまでもありません。それと同時に、「時間」も間違《まちが》いではありません。つまり、「時刻」を使わなかったことに何らかの理由付けがあったわけではありません。どちらも日常的《にちじょうてき》に紙面で使っていて、ご指摘を受けた紙面では「時間」を使っていたというわけです。

ご質問2で「時刻がふさわしい場合でも……」とされていますが、弊社《へいしゃ》では、間違いでない以上、「時刻」「時間」どちらか一方を使うような表記の統一《とういつ》はしていません。

ご質問3で「時刻は使用しないのか」とのお尋ねですが、単純《たんじゅん》に紙面に登場する頻《ひん》度《ど》をコンピューターで検索《けんさく》いたしますと「時間」が約20回に対して、「時刻」は約1回の割合《わりあい》です。使用頻度の多い、少ないは、どちらが優位《ゆうい》であるかとの判断《はんだん》材料になるものではありません。

新聞紙面は親しみやすい平易《へいい》な表記を心がけています。このことが、「時間」が多い理由のひとつと言えます。「時刻」は、やや堅《かた》いような印象があるのかもしれません。これも、受けとる人の感覚の問題かもしれません。

以上、端的《たんてき》に申しますと、間違いでないものは、個々《ここ》に条件《じょうけん》、理由をつけて使用しているわけではないということです。もちろん、小学校の教育現場《げんば》とは切り離《はな》しての回答です。あまり、お役に立たなかったかもしれませんが、お問い合わせにお答え致《いた》しました。

今後とも、ご教示、ご鞭撻《べんたつ》、よろしくお願いいたします。

草々

私は、二〇〇二年九月一九日午後八時、朝日新聞大阪本社広報室《こうほうしつ》に電話をしました。その内容《ないよう》は、回答のお礼と、「時刻」は親しみやすい平易な言葉ではないのか、社内には、紙面で使用する言葉を検討《けんとう》する機関はないのか、などでした。

対応《たいおう》した方は、「そのことについては、デスクが回答いたします。恐《おそ》れ入りますが、後日、お電話をしてください」とおっしゃいました。

九月二一日、朝日新聞大阪本社広報室《こうほうしつ》へ次のようなＦＡＸと資料《しりょう》を送信し、その後、電話で広報室デスクと話をしました。


過日《かじつ》は、たくさんのご教示をいただきありがとうございました。九月一九日午後八時、おたずねの電話をいたしました。そのとき対応《たいおう》してくださった方から、後日、デスクへお電話してくださいとのことでした。（昨日は一年生の遠足で、小生も同行。）これから電話をさせていただきます。

参考（参考ではないかもしれませんが）資料をまずご送付いたします。よろしくお願いいたします。

○広報室デスクと電話での話の概要《がいよう》
・言葉についての質問は、結構《けっこう》多いが、「時刻《じこく》」と「時間」は初めて。
・言葉については個人《こじん》の感覚の違《ちが》いがあり、対応には苦労している。

・社内には校閲部《こうえつぶ》があり、定期的に協議をしている。
・送信していただいた資料は参考になった。
・「時間」と「時刻」については、東京本社とも協議をしたい。

以上のような内容《ないよう》でした。何回もお尋《たず》ねをしたけれども、ていねいに対応していただいたことのお礼を述《の》べました。大変感謝《かんしゃ》していること、そして今回のことで、たくさん学ばせてもらったことも話しました。

二〇〇三年、第八五回全国高校野球選手権《せんしゅけん》大会の観戦のため、八月六日に大阪へ。七日朝、宿の部屋に届《とど》いた新聞に目を通しました。なんと、「きょうの試合」の囲みの中が「きょうの開門時刻」になっているではありませんか。私は、何度も何度も見てしまいました。開会式が終わった後、朝日新聞大阪本社広報室に電話をしました。その日の試合が終わり、部屋にもどってから、感激《かんげき》したことをはがきに綴《つづ》り、広報室に送りました。

ところが、次の年からは、「きょうの試合」の囲みの中は「きょうの開門」になりました。

「時間」も「時刻《じこく》」の言葉も付いていません。これが、朝日新聞大阪本社がよく考えた結《けつ》論《ろん》なのだと思いました。「日本語はあいまいな言語」（四五ページ）だから、「時刻」と「時間」を区別しないでよいとしても、どちらかを選ぶのではなく、どちらも使わなくなったことに対して、私は承知《しょうち》しかねました。

その後、私はどんな印刷物を見ても、「時間」と「時刻」については、気になって仕方ありません。朝日新聞社にとって、私はただのクレーマーだったのでしょうか。そんなことはなかったと信じたいのですが……。

私は、「わからないことがたくさんあるのは、わかっていること」だと考えています。だから、「学ぶ」とは、わからないことを見つけることなのです。

私が勤《つと》めていた私立国立《くにたち》学園小学校は、幼稚園《ようちえん》と小学校しかない学園です。そのため、六年生は全員、私立や国立の中学校を受験します。

しかし、私たちの目標《もくひょう》は、合格《ごうかく》することではありません。中学校、高校の六年間の生活をたくましく、自分らしさを発揮《はっき》して過《す》ごしてくれることをねらいにしています。「自ら考え、自ら学び、自ら行動する」です。

そのため、小学校生活で大切にしているのは、わからないこと、疑問《ぎもん》に思うことを納得《なっとく》のいくまでとことん調べ、質問し、追求することです。このような学習の積み重ねが、中学受験で合格の切符《きっぷ》を手にすることになり、中学、高校生活をたくましく過ごす原動力になります。そうした教育を実践《じっせん》している私が、納得いかないことを、あいまいにするわけにはいかないのです。

母校（柏崎《かしわざき》高校）が夢《ゆめ》を実現《じつげん》！

～待てば海路の日和《ひより》あり

二〇〇三年一月三一日金曜日、午後三時半、職員室《しょくいんしつ》にいると、「決まりましたよ。おめでとうございます。春の大会には行かなければなりませんね。待ち遠しいですね」との大きな声。

私はさっそく、パソコンで「日刊《にっかん》スポーツ」の号外を探《さが》しました。目に飛び込《こ》んできたのは、母校の球児が大喜びして両手を高々と挙げている写真でした。「選抜《せんばつ》出場決定　柏崎《かしわざき》」の大きな見出しを見て、胸《むね》が熱くなりました。

柏崎高校は、その年で創立《そうりつ》一〇三年。野球部は創部《そうぶ》一〇二年です。一世紀もの間、待ちに待った夢《ゆめ》が実現《じつげん》したのです。

私は、まだ春の大会には行ったことがなかったのですが、その年ばかりは、なんとかして行きたいと思いました。春は、年度末・

年度初めの仕事で追われ、一年で最も繁忙《はんぼう》な時期です。でも、なんとしても、今回だけは、都合をつけて甲子園のアルプススタンドで応援《おうえん》しなければ……。

柏崎高校が、「二一世紀枠《わく》＊」に選出されるまでには、次のようなステップがありました。

・二〇〇二年九月一五日（日）北信越《しんえつ》高校野球県大会地区予選で県大会へ出場決定。
・九月二二日（日）県大会で三位になり、本大会に進出。
・一一月下旬《げじゅん》、「二一世紀枠」県候補《こうほ》になる。
・一二月一六日（月）第七五回選抜高等学校野球大会の「二一世紀枠」北信越地区候補に選出される。
・二〇〇三年一月三一日（金）第七五回大会の「二一世紀枠」に選出決定。もう一校は、隠岐《おき》（島根県）。

「二一世紀枠」に選出される前、冬休みに柏崎の実家へ帰ったとき、弟が書状《しょじょう》を見せてくれました。それは、柏崎高校野球部ＯＢ会からのものでした。内容《ないよう》は、「二一世紀枠」で

＊21世紀枠《わく》：春の選抜《せんばつ》高校野球では、2001年から前年秋の都道府県大会でベスト8以上になった高校から、さまざまな理由で全国で2〜3校選出されることになった。柏崎《かしわざき》高校は、豪雪《こうせつ》のハンディを克服《こくふく》したことなどが理由となった。

甲子園《こうしえん》出場が実現《じつげん》できそうなので、寄付金《きふきん》をお願いしたいというものでした。弟は、「一〇〇パーセント大丈夫《だいじょうぶ》ですよ」と、自信たっぷりで言いきっていました。

一月二三日、幼稚園《ようちえん》から高校まで一緒《いっしょ》だった親友からFAXが届《とど》きました。その内容《ないよう》は、「母校（柏崎《かしわざき》高校）の甲子園出場が決まったら、同窓会《どうそうかい》新聞で甲子園出場記念の号外を発行する。だから、『甲子園出場に思う』という題で、原稿《げんこう》を送ってくれ。毎年、夏の大会に行っているおまえなら、すぐに書けるだろう。よろしく」というものでした。

私が電話をすると、彼《かれ》は、一月三〇日に柏崎へ行き、三一日は朝から取材をするとのこと。やる気満々でした。

彼が中心になって創《つく》り上げた号外「甲子園出場特別第一号」が、二月一四日に届《とど》きました。充実《じゅうじつ》した内容の新聞をすばやく作成した友人に頭が下がりました。号外に掲載《けいさい》された私の文章を、紹介《しょうかい》しましょう。

肩《かた》の力を抜《ぬ》いて　～甲子園出場に思う

祝　甲子園出場。おめでとう！

一世紀余《あま》り、待ちに待った夢《ゆめ》がついに実現《じつげん》したのです。喜びに包まれています。柏《はっ》高《こう》球児のみなさん、全国高校球児の憧《あこが》れの甲子園の「空間」を存分《ぞんぶん》に味わってください。みなさんの健闘《けんとう》を心から祈念《きねん》します。

私は、一九七七（昭和《しょうわ》五二）年四月、ふるさと越後《えちご》柏崎を離《はな》れて、上京しました。もう二六年が過ぎますが、以来一年も欠かさずに続けていることがあります。それは、毎年夏の全国高校野球選手権《せんしゅけん》大会を観戦するため、阪神《はんしん》甲子園球場のスタンドにいることです。そして毎年、同じスタンドで同じことを願ってきました。母校・柏崎高校の球児が、目の前でプレーしてくれることを。その願いがついに今年の春に実現しました。

初めて甲子園のスタンドで観戦したときの感動は、今でも脳裏《のうり》に鮮明《せんめい》に焼き付いています。プロ野球の試合では決して味わうことのできない「さわやかさ」「すがすがしさ」。真剣《しんけん》に白球を追う「ひたむきさ」。応援《おうえん》の人たちが表出する「汗《あせ》と涙《なみだ》」。これらが私の心にズンズンと食い込《こ》んでくるのです。

この感動は、二六年間、毎年味わっています。一刻一刻《いっこく》、繰《く》り広げられるドラマを満喫《まんきつ》できるからです。

柏高《はっこう》球児のみなさん、甲子園《こうしえん》は広いです。にぎやかです。そして、時間がとても速く流れます。ワクワク、ドキドキに満ちてもいます。魔物《まもの》も存在《そんざい》しています。

こんな時間、こんな空間を、みなさんは味わうことができるのです。肩《かた》を張る必要はありません。カッコイイところを見せる必要はありません。失敗を恐《おそ》れる必要もありません。

キビキビと動いてください。お互《たが》いに大きな声を掛《か》け合ってください。白球に全神《しん》経《けい》を集中してください。笑顔《えがお》で勝利の涙《なみだ》を流しましょう。

今回の体験を大きな、大きなバネにして、第八五回の夏の大会にも出場してください。「練習は、不可能《ふかのう》を可能にする」を合言葉にして、グラウンドで白球とかかわってください。夏のスタンドでも、待っていますから。

三月一五日が、組み合わせ抽選日《ちゅうせんび》です。私は祈《いの》っていました。どうか、二二日の第一日目にはならないようにと。この日だけは、どうしても学校を空けることができないからでした。

卒業式が終わり、午後からの卒業を祝う会でのことです。私はその席で、たくさんの保《ほ》護者《ごしゃ》から母校の甲子園出場についてお祝いの言葉をいただきました。保護者の間でも、私の甲子園好きは知れ渡《わた》っていましたし、柏崎《かしわざき》高校の出身であることも、どういうわけか周知だったようです。

会が終わって、パソコンで組み合わせを見ました。なんと、第一日目、開会式の後の第一試合ではありませんか。対戦相手は、奈良《なら》県の斑鳩《いかるが》高校。この学校は、私にとって初めて聞く校名です。翌日《よくじつ》の新聞を見ると、母校と同じく春夏を通じて甲子園初出場の県立の公立校だということがわかりました。秋の奈良県大会で優勝《ゆうしょう》し、近畿《きんき》大会では四強入りした学校です。

私は、二二日が大雨になってくれることを願いました。こんな自己《じこ》中心的なことを願ってしまったのです。しかし、そんな身勝手な願いが叶《かな》うはずがありません。二二日は、大雨にはなりませんでした。

二二日、私は開会式と第一試合を録画してもらいました。結果は、一対一で惜敗《せきはい》でした。

母校の試合をアルプススタンドで観戦するという私の夢《ゆめ》は消え去ったのです。

その日の仕事が終わってから、私は録画をしたビデオテープをじっくり見ました。

一塁側《るいがわ》アルプススタンドは、超《ちょう》満員。知っている顔も見える。柏崎《かしわざき》高、先攻《せんこう》。

一回表《おもて》、二死から連打。五番・大矢君の打球は走者に当たり、守備妨害《しゅびぼうがい》*1でアウト。

一回裏《うら》、斑鳩《いかるが》高、長尾君が三盗《とう》*2を試みる。柏崎高、佐藤《さとう》君が悪送球。一点先取される。

四回表、四番・佐藤君、気合十分。一回の悪送球を挽回《ばんかい》しようという気迫《きはく》。快音《かいおん》。ライトオーバーの二塁打。アルプススタンドは大賑《おおにぎ》わい。ベンチの様子を見たいが、画面には出てこない。五番・大矢君、セオリー通り、送りバント。見事に決める。ベンチに帰る大矢君の表情《ひょうじょう》が見たい。一死三塁。スクイズか。六番・北原君、三塁ゴロ。二死。七番・堀《ほり》君も三塁ゴロ。同点のチャンスだったが、残念。ベンチの様子が見たい。

五回表、先頭打者の八番・須田《すだ》君、センター前ヒット。中林君、ピッチャー前に送りバント。一死二塁。鈴木監督《かんとく》の動きが激《はげ》しい。須田君がなんと三盗に成功。サインプレー*3なのか。二番・芦岡《あしおか》君、レフト前にタイムリーヒットを放ち、須田君がホームイン。一対一の同点。アルプススタンドは大騒《おおさわ》ぎ。赤いメガホンが揺《ゆ》れる。懐《なつ》かしい応援歌《おうえんか》「いざ、

＊1 守備妨害《しゅびぼうがい》：ランナーが守備を妨害したと判定《はんてい》されると、そのランナーはアウトになる。
＊2 ３盗《とう》：３塁《るい》へ盗塁すること。普通《ふつう》、２塁へ盗塁することより難《むずか》しい。

戦はん」の大合唱。クローズアップされる人たちの表情が素晴らしい。我《わ》が母校にとって歴史的な一点だ。スコアボードの「1」が、画面に大きく映《うつ》る。

七回裏、ピンチだったが、ショート中村君がライナーをキャッチ。無得点に抑《おさ》える。

八回表、一死後、三番の好打者・白川君がセンター前にヒット。四番の佐藤君は監督のサインを真剣《しんけん》に見ている。送りバントはないだろう。一塁走者の白川君が二盗。びっくりした。佐藤君は、四球で空いている一塁へ。勝ち越《こ》しのチャンスだ。しかし、後続が絶《た》たれて、無得点。

八回裏、斑鳩高、タイムリー二塁打があり、一点。二対一になってしまった。

最終回、先頭打者の六番・北原君はレフトフライ。八番・須田君が望みをつなぐレフト前へのヒット。代打・前澤《まえざわ》君は投手前ゴロで、万事休す。一時間三四分の熱戦でした。

試合終了《しゅうりょう》後、本塁を挟《はさ》んで整列している両校の選手の顔は、晴れ晴れとしていました。

一塁のアルプススタンドへ向かう足取りは軽やかです。憧《あこが》れの甲子園《こうしえん》のグラウンドで全力を出し切った誇《ほこ》りが感じられました。

二〇〇三年七月に、第七五回記念選抜《せんばつ》高等学校野球大会出場記録誌《し》「勇気《ゆうき》　闘志《とうし》　全力

＊3 サインプレー：監督《かんとく》や選手同士が出したサインに従って行うプレーのこと。

疾走《しっそう》」が届《とど》きました。試合のスナップ写真がたくさんあります。それと、関係者のコメントもある記念誌《し》です。その中の森主将《しゅしょう》のひと言を紹介《しょうかい》します。

甲子園《こうしえん》を経験《けいけん》して

主将　内野手　森　智史

甲子園球場は本当に素晴らしい球場だった。開会式直後の緊張感《きんちょうかん》の中、アルプスからの熱い声援《せいえん》を受けて野球がやれたことを嬉《うれ》しく思う。柏崎《かしわざき》高校を応援《おうえん》してくださった全ての方に感謝《かんしゃ》したい。

甲子園での経験を通じて、甲子園で勝つチームと自分達には大きな差がないと感じた。これは今回得た大きな収穫《しゅうかく》だった。だから、甲子園で勝つことは夢《ゆめ》のような話ではないと思う。甲子園に出場したことはもう過去《かこ》のことだが、甲子園で経験したことはこれからの糧《かて》となっていくに違《ちが》いない。一球の重み、自分達の野球を大切にし、甲子園に残した忘《わす》れ物を、夏にみんなで取りに行きたい。甲子園で勝つことを毎日の練習で強く意識《いしき》し、高校野球最後の夏を最高の思い出にしたい。

（「勇気　闘志　全力疾走」―六〇・六一ページより引用―）

母校（柏崎高校）が夢を実現！

甲子園《こうしえん》の体験は、人生をたくましく生き抜《ぬ》く大きな力になるのです。

「待てば海路の日和《ひより》あり」という言葉にぴったりの母校の甲子園出場でした。一世紀、あせらずに待っていた結果です。

でも、ただ何もしないで待っていたのではありませんでした。厳《きび》しい練習を続けたのです。あせらずに夢《ゆめ》の実現《じつげん》を待っていたからです。たくさんの先輩《せんぱい》が、努力の大切さを築《きず》きあげたからです。

「果報《かほう》は寝《ね》て待て」ということわざもあります。これも、なにもしないで待っていればよいのではありません。地道に努力を続けてこそ幸運が舞《ま》い込《こ》むのです。

運は、自分ではなく自分以外の人がもたらしてくれます。自分自身ができることは、夢を、幸運を信じて、前向きに日々生き抜くことのみです。

初出場の学校は、毎年何校かあります。その学校のプレーを観戦するのが楽しみです。きびきびとした動きや、初々《ういうい》しさが心を打ちます。

今夏の大会でも、「待てば海路の日和あり」を実現した学校の球児や、アルプススタンドの応援《おうえん》を観《み》るのが楽しみです。

柏崎《かしわざき》高校のボールも、甲子園《こうしえん》歴史館のボールウォールに飾《かざ》られている。

柏崎《かしわざき》高校が甲子園《こうしえん》に出場したときの応援団《おうえんだん》のようす。

売り子さんと仲良しに
～気配りの重要性《せい》

私は、朝七時からその日の試合が終わるまで一日中スタンドで観戦をしています。そうしていると、こんなことにも気づくのです。

スタンドにはたくさんの売り子さんが来ます。売り歩く品物は、いろいろです。一番多いのが、ビール。ほかには、アイスコーヒー、ボトルのドリンク、甲子園《こうしえん》名物の「かちわり*」、弁当《べんとう》、焼きそば、冷凍《れいとう》みかん（最近はなくなりました）などです。

売り子さんのほとんどは、大会期間中のアルバイトです。高校生、大学生、一般《いっぱん》の人など、いろいろな人がいます。そうした売り子さんを毎日見ていると、学ぶことがたくさんあります。

私は、アルバイトの売り子さんを、三つのタイプに分けてみました。

＊かちわり：氷を大きめに割って、ビニール袋に入れたもの。

A　自分の担当《たんとう》する品物をひとつでも多く売ることに専念《せんねん》しているタイプ

・大きな声を張り上げて売り歩く。
・早足でスタンドを回る。
・笑顔《えがお》を振《ふ》りまきながら歩く。
・買ってくれそうなお客に声をかけながら回る。
・自分でつくったキャッチフレーズをカードに書いて、それを見せながら歩く。
・夕方、勤務《きんむ》時間が過《す》ぎても売っている。

B　品物を売ることと試合を観《み》ることを両立させているタイプ

・観衆《かんしゅう》の声や拍手《はくしゅ》があると目はグラウンドにいく。
・好試合が予想されているときは、休憩《きゅうけい》して観戦している。
・準《じゅん》決勝や決勝のときは、仕事をやめてスタンドで観戦する。

C　体力づくりを目的にしているタイプ

・自分の体調に合わせて勤務している。

私は、スタンドではアルコール類を口にしないことにしています。初めの頃《ころ》はビールを飲んだこともありましたが、飲んでしばらくすると睡魔《すいま》に襲《おそ》われ、二〇～三〇分間居眠《いねむ》りしてしまいます。そのせいで好プレーを見逃《みのが》してしまったことがありました。その後は、もっぱらアイスコーヒーのお世話になっています。

ビールでなくアイスコーヒーをスタンドで飲むようになると、ふしぎと売り子さんに関心が湧《わ》いてきました。アイスコーヒーを売る売り子さんだけでも何人もいますが、私は一人を選んで、その人にアイスコーヒーをたのむようにしました。

一〇年以上お世話になった売り子さんがいます。私は、その方を「アコちゃん」とよんでいました。教え子の亜紀子《あきこ》さんによく似《に》ているからです。

アコちゃんは、プロの売り子さんです。だから、毎夏、アコちゃんに会うことができました。彼女《かのじょ》に会うことも甲子園《こうしえん》行きの楽しみになっていました。

アコちゃんに決めたのは、彼女がお客の側に立ってアイスコーヒーを売ってくれていたからです。アコちゃんのつくってくれるコーヒーには氷がたくさん入っています。一杯《いっぱい》のアイスコーヒーを長い時間味わうことができます。コーヒーを飲み終わっても、氷を楽しむことができます。どういうわけか、アコちゃんは、私がアイスコーヒーを欲《ほ》しいと思うときに決まって回ってきます。間違《まちが》いなく彼女は、私、いや多くのお客さんのことをきちんと頭の中に入れているのです。しかも、彼女は、コーヒーを注いでくれるときに必ず「この打者はプロ野球のスカウトが注目していますよ」などと一言情報《じょうほう》をくれます。アコちゃんは、スカウトの人たちとも馴染《なじ》みになっていたからです。そこで仕入れた情報を私にも伝えてくれました。

こんなこともありました。「ネット裏《うら》にタレントの○○さんが来ていますよ」と知らせてくれたのです。

さらにアコちゃんは、高校野球本部の人や球場の関係者ともかかわっていたのでしょう。次の試合で、体調が悪くて先発できない選手のことや、試合後の選手の様子なども教えてくれました。一番ありがたかったのは、次の日の開門予定時刻《じこく》や次の日の観客数の予想もしてくれたことでした。

カップにアイスコーヒーを注いでいるときのアコちゃんの視線《しせん》はカップにはありません。その後回る方向のスタンドを見渡《みわた》しています。アイスコーヒーを待っている人を探《さが》しているのです。獲物《えもの》を狙《ねら》う鷹《たか》の目です。私と話をしているときも、ほとんど視線《しせん》はスタンドに向いています。それでも、決して私にいやな感じを与《あた》えません。私が気にならない程《てい》度《ど》にさりげなくよそを見て、コーヒーを飲みたがっている人をかぎつけているのです。そして私のところから離《はな》れると、コーヒーを待っていそうな人のところへ一直線に向かっていくのです。動きは、とても機敏《きびん》です。

初めて会ってから数年してわかったことですが、アコちゃんは朝スタンドに入ると、まずネット裏《うら》の中央にいるプロ野球のスカウトの方々の席に行きます。コーヒー容器《ようき》に入っているコーヒーを全部売りつくしてしまいます。すぐに店にもどって、コーヒーを補充《ほじゅう》してスタンドへ。私のところに来るのはそれからです。朝のまわり方は、いつも同じだとのことです。

アコちゃんは、アイスコーヒーを売るのが中心でしたが、時間帯とスタンドの混《こ》み具合、気温によって、売る物を変えています。

「もうすぐお昼になるので、弁当《べんとう》売りに行ってきます。しばらく待っていてください。時間がかかるときは、このアイスコーヒーを飲んでやってください」と、必ず断《こと》わってくれます。気温が高くて、観衆《かんしゅう》が多いときはビール売りに変わります。そのときも、別のアイスコーヒー売りの人を紹介《しょうかい》してくれます。

用があって勤務《きんむ》をしないときも、仲間の一人を連れて来て、明日は休むことを伝えてくれます。アコちゃんが休みのときは、代わりの売り子さんがアコちゃんとほぼ同じタイミングで回って来てくれました。そして、休んだ次の日には、「昨日は、大丈夫《だいじょうぶ》でしたか?」とたずねてくれました。

アコちゃんが売り子をしていた何年間か、私はとても助かりました。しかし、そうしたアコちゃんですから、その後、店を任《まか》されるようになり、売り子には出なくなったと聞きました。売り子さんたちに売り方の極意《ごくい》を教える立場になったのです。

その後、私は多くの売り子さんと出会いましたが、アコちゃんのような人には二度と当たりませんでした。一番の違《ちが》いは、視線《しせん》の向け方です。コーヒーカップをほとんど見ないでコーヒーを注ぐことはだれもできませんでした。他の売り子さんも、アコちゃんから売り方の極意を指導《しどう》してもらったはずなのですが……。

いつしか私は、売り子さんたちによく話しかけるうるさいおじさんになっていました。

売り子さんたちにいろいろインタビューしてみると、こんな話が聞こえてきました。

「朝起きたら、足が重くて動けなかったんです。」

「一日中太陽に当たっていたら、パワーがなくなりました。」

「お客さん、この箱は結構《けっこう》重いのですよ。一日担《かつ》いでいると肩《かた》がひりひりします。だから三日間休みましたよ。」

確《たし》かにその通りでしょう。でも、そんなことは仕事をする前にわかっているはずです。彼《かれ》らはお客の側に立つことよりも、自分のことを第一に考えているのですね。

スタンドはとても暑い。長い階段《かいだん》があります。汗《あせ》はどんどん流れるでしょう。体中が痛《いた》くなるでしょう。顔が、腕《うで》が、足が、首が、夏の太陽に照らされます。

売り子のアルバイトをする若《わか》い人たちに、私はたくましさを感じています。一日でも売り子をやってみるのは立派《りっぱ》だと思っています。毎年売り子さんを見て、頭が下がります。でも、アコちゃんのような人には、その後一人も会っていません。今年こそアコちゃんのようなプロの売り子さんに会いたいと、毎年思っています。

二〇〇六年、第八八回大会のときです。第一試合の始まる前、仲間と売り子さんのことが話題になりました。

私は、アコちゃんのプロ魂《だましい》について語りました。そうしたら、仲間の一人が、「今年、すごい売り子さんがいますよ。その売り子さんは、京都大学の三年生の女子学生さんです。昨日（八月一三日・大会八日日、試合数・四試合）、ビールの売り上げ本数の新記録をつくったそうですよ。」

という話をしました。新聞に紹介《しょうかい》されていたそうです。

京大の女子学生の売り子さんのプロ魂は、次のようだそうです。

・紙コップを高々と掲《かか》げ、大きな声でよびかける。

・このお客さんは今ビールを欲《ほ》しがっていると見極《みきわ》め、声をかける。

・買ってくれたお客さんに笑顔《えがお》でお礼を言った後に、ひと言を加えて話す。

・お盆で日曜日の一三日は、新記録樹立《じゅりつ》をめざして、昼食も休憩《きゅうけい》もとらなかった。

・朝七時から夜八時まで、スタンドの最前列から最上段《さいじょうだん》まで、階段を上ったり下りたりし続けた（第四試合の沖縄《おきなわ》・八重山《やえやま》商工対長野・松代《まつしろ》高のときに、激《はげ》しい雷雨《らいう》で四九分間試合が中断《ちゅうだん》されたが）。

・今までの一日の売り上げ記録は四六九本。彼女《かのじょ》の記録は五五六本だった。

アコちゃんや京大の学生さんのようなプロ魂《だましい》の売り子さんに出会って元気をもらいたいと思っている人は、きっと私だけではないでしょう。私はビールは飲みませんが、ぜひその方にお会いしたいと思いました。

なお、甲子園《こうしえん》球場がリニューアルされてからは、ビールは商品ケースからタンクを背中《せなか》に背負《せお》う形に変わりました。

今まで子どもとかかわってきた中でこんな親子がいました。一年生の日記を紹介《しょうかい》します。

おかあさんのきず　一二月四日　くもり

ぼくが学校からかえってきたら、おかあさんが、

「ひろし、みて。トムをさんぽさせていたら、ひっぱられて、ひっくりかえったの。」

といいました。そして、きずをしたところは、うでとあしとおでこです。ぼくは、「いたそうだなー。」とおもいました。それから、あたまのいちばんたいせつなところもぶつかりました。

ぼくは、おかあさんがしんぱいになったので、「1＋1は?」といったら、おかあさんは、げんきなこえで、「2!」とこたえたから、「おでことあたまは、だいじょうぶだなあー。」とおもいました。

この文章からは、お母さんを心配しているひろし君の心がよく伝わってきます。精《せい》いっぱいの知恵《ちえ》を働かせて、ひろし君はお母さんにたずねたのです。そのひろし君の心がわかったお母さん。すぐに、大きな声で答えています。こんなお母さんと日々生活しているひろし君は幸せです。ふたりの愛情《あいじょう》あふれるかかわり合いから、さわやかさを感じます。

売り子さんからもさわやかさをいただいています。スタンドで感じるさわやかさは、球児のプレーだけでなく、あちこちにいくらでもあるのです。

スタンドの仲間
～人の輪の広がりで得をする

バックネット裏《うら》が自由席になってからは、毎年、試合は同じ席で観戦しています。もう、二〇数年になります。毎年、毎試合同じ席にいると、自然発生的に仲間ができました。今では十数人になっています。仲間のみんなに共通しているのは、「高校野球、大大大好き！」ということです。

年に一回、大会のときにスタンドでだけ会う仲間です。この仲間のほとんどは春の大会でも一緒《いっしょ》です。私は夏だけに行きますので、まるで七夕《たなばた》の出会いのようです。この仲間と会うのは、私の大きな楽しみになっています。あの世でも会いたいと思っています。

私たち仲間の間には、約束ごとが自然にできています。それは、次のようなことです。

・名前、年齢《ねんれい》など個人情報《こじんじょうほう》にかかわることは詮索《せんさく》しない（それでも長いかかわり合いになると、自然とわかってきました）。
・観戦中の行動は自由。自分のやりたいことをし、行きたいところへ自由に行く。

・食べたい物、飲みたい物は、仲間に気兼《きが》ねなく食べたり飲んだりする。仲間の分を購入《こうにゅう》しない。

・球場に来たいときに来て、帰りたいときに帰る。

・仲間になりたい人がいたら、いつでも入っていただく。都合で、仲間から離《はな》れるときは、遠慮《えんりょ》なく離れる。

そうした楽しい仲間たちを紹介《しょうかい》しましょう。

○大阪のおじさん（山本さん）

仲間の中で最年長。高校野球の観戦歴四〇年以上の大ベテランです。昔の試合のことを鮮明《せんめい》に記憶《きおく》されています。試合の合間、合間にタイミングよく、仲間たちに解説《かいせつ》をしてくれます。山本さんの解説は、とてもユニークです。プレーの見方に新たな視点《してん》を与《あた》えてくれます。

たくさんの知り合いがいる甲子園《こうしえん》球場のぬしのような存在《そんざい》です。お孫さんを連れてきたときは、熱心にお世話をします。その際《さい》には、試合をほとんど観戦できないようです。

ところが、山本さんも最近は、第一試合を観戦しただけでお帰りになることが多くなりました。帰宅《きたく》してからはテレビ観戦だそうです。やはり、年齢《ねんれい》には勝てません。私も身につまされます。

二〇一〇年の第九二回大会の第一日目のことでした。朝六時少し前に入場門前に行きました。すると、山本さんがいて、一緒《いっしょ》にスタンドへ。いつもの席を確保《かくほ》し、それからいつもの仲間で球場内の喫茶店《きっさてん》へ行きました。開会式は九時からです。スタンドの席で開始を待っていました。しかし、八時四五分になると、

「それでは、みなさん、失礼します。」

と言って、山本さんが席を立ったのです。

「開会式はもうすぐ始まりますよ。」

「今年も、元気なみなさんに会ったから満足です。家でテレビ観戦をします。また明日、お会いしましょう。」

という言葉を残して帰ってしまったのです。私たちは全員びっくりしてしまいました。

山本さんは、私たちに会いに来てくれたのです。今夏も、山本さんにお会いするのが楽しみです。

○富山《とやま》のおじさん

山本さんと同年代。富山のおじさんも、高校野球観戦歴は四〇年以上の方です。毎年、春夏ともに大会を観戦していらっしゃいます。お嬢《じょう》さんが関西に住んでいるので、毎日そこから通ってきています。

富山のおじさんは、バックネット裏《うら》の席で観戦するようになった私が最初に知り合った人です。おじさんは、試合を見ながら小さな声でよくつぶやきます。とても的を射《い》たつぶやきなので、きっと高校野球に関係していた方だと思って、私がプレーのことをたずねたのがきっかけで、知り合いになりました。

私がたずねたのは、「無死満塁《まんるい》のときになぜスクイズをしなかったのか」でした。おじさんは、次のように教えてくれました。「セオリー通りだとスクイズですね。八番バッターですし。でも、監督《かんとく》さんは、彼《かれ》の前の打席で打ったライトへのライナーのことを考慮《こうりょ》したのでしょうね。アウトでしたが、いい当たりだったでしょ。そこに賭《か》けたんですよ、きっと。スクイズは、もしかすると得意でないのかもしれませんしね。監督《かんとく》さんは、一人ひとりの選手のことを一番よく知っている人ですから。」

富山《とやま》のおじさんは、メモをとって観戦することはありません。全部のプレーを記憶《きおく》しているのです。私もおじさんのような見方をしたいと思っているのですが、二〇年以上になるのに、まだできません。

富山のおじさんは観戦中、よくお酒を飲んでいました。おそらく富山から持参したに違《ちが》いない肴《さかな》をつまみにしていました。

「これがね、私のエネルギー源《げん》なんですよ。暑さを吹き飛ばす薬ですね。」

と、微笑《ほほえ》みながら話してくださったことが忘《わす》れられません。

その頃《ころ》、私たちはおじさんを「会長さん」とよんでいましたが、二〇〇五年六月五日に他界されました。

おじさんの奥《おく》さまが、その年の第八七回夏の大会決勝戦の八月二〇日にスタンドにおいでになりました。そして、私たちみんなにていねいな挨拶《あいさつ》をしてくださいました。

○有馬《ありま》のお嬢《じょう》（溝下《みぞした》さん）

溝下さんのことは、みなさんが「溝下さん」とよんでいます。溝下さんは、才色兼備《けんび》の女性《じょせい》です。高校生のときから高校野球の大ファンだったそうです。甲子園《こうしえん》には、うん十数年間、春夏通っています。

溝下さんは、全試合の記録をスコアブックにつけています。女性ファンとしては珍《めずら》しいかもしれません。家に保存《ほぞん》してあるスコアブックが大変な冊数《さっすう》になっているそうです。また、試合が終わると必ず、ベンチ前にいる選手と退場《たいじょう》していく選手をカメラに納《おさ》めています。大会が終わると、その整理をされているとのことです。

溝下さんは、会社に勤《つと》めています。一年間の年次休暇《きゅうか》を、大会観戦のために全て使っているようです。普段《ふだん》は、よほどまじめに懸命《けんめい》に仕事をこなしているに違《ちが》いありません。かく申す私も、夏の甲子園《こうしえん》に来るために、そのほかは一年中、土日も学校に出ていますから、溝下さんの気持ちがよくわかります。

溝下さんがそばにいると、仲間たちはみな助かります。この打者の前の打席はどうだったかを尋《たず》ねることができるからです。投手の三振奪取数《しんだっしゅすう》もすぐにわかります。同じことを別の仲間から尋《たず》ねられても、いやな顔ひとつしないで教えてくれます。

有馬《ありま》温泉の近くから早朝に来て並《なら》びます。そして、その日の全試合が終わるまでスタンドで観戦しています。仲間が睡眠《すいみん》時間を心配するほどです。そのことをたずねたことがありました。でも、「大丈夫《だいじょうぶ》です、若《わか》いですから」と、さわやかな答えが返ってきただけでした。

溝下《みぞした》さんは、いつも「パイナップル味の飴《あめ》」をみんなに配ります。その飴はふしぎと暑さを忘《わす》れさせてくれます。彼女《かのじょ》のやさしさが一粒《ひとつぶ》にこめられているようで、とてもおいしく、元気が出ます。飴を配るタイミングが絶妙《ぜつみょう》なのです。

溝下さんは、必ず、仲間に次の日観戦に来るかどうかを尋ねます。そして、「お待ちしています」と声をかけます。いつしか溝下さんは、私たち仲間の事務《じむ》局長役となっていました。

私は、自分よりもずっと若い溝下さんから、毎年、人とかかわるときのありかたを学んでいるような気がします。

溝下さんは、筆まめです。大会から大会までの間に、心のこもった便りを何通もくださいます。

二〇一〇年一〇月に、次のような便りが届《とど》きました。

前略《ぜんりゃく》

先週の連休は、秋季県大会の準《じゅん》決勝、三位決定戦、決勝の四試合を観戦してきました。とてもいい天気でした。初日は、うっかり日焼け止めクリームを塗《ぬ》り忘《わす》れ、夏に焼けた肌がせっかく白くなりつつあったのに、手の甲と首の下と、帽子《ぼうし》を被《かぶ》っていたので顔の鼻から下が真っ赤な変なおばさんになってしまいました。近畿《きんき》大会は和歌山の紀三井寺《きみいでら》球場なので、さすがに観戦はムリかな……

観《み》たいのは山々だけど、へんぴなところらしいので電車では少し厳《きび》しいみたい……ということで、今年最後の高校野球観戦になってしまったかも。

これで、今年の楽しみはなくなりました。

先生は秋季大会を観戦されていますか？

話は変わりますが、先日、ネットを見ていたら面白《おもしろ》い記事を見つけました。先生、既《すで》に御存知《ごぞんじ》だったらすみません。

甲子園《こうしえん》で同窓会《どうそうかい》ができるみたいですよ！　先着三〇名みたいですが、いつか……。

先生、八木さんやさっちゃんや、富山《とやま》のお母さんや、甲子園ダイスキさんが三〇名集まったらいいのになぁ、なんてふと思ったんですが。

機会があれば、一度はグラウンドとベンチに入ってみたいですね。ベンチに座《すわ》ってマウンドがどんなだか（高いんだろうなあ）見てみたいです。

先生は教え子さん達も大勢《おおぜい》おられるので、甲子園で同窓会……いかがですか？

では、朝晩《あさばん》の冷え込《こ》みで風邪《かぜ》をひかれないよう、くれぐれも気をつけてくださいね。

今、職場《しょくば》でプチ風邪（鼻水とのどのイガイガ）が流行《はや》っています。

わたしも気をつけます。

二〇一〇年一〇月一八日

実は、この便りがきっかけで、思いもしなかったことが実現《じつげん》したのです。甲子園球場は二〇一〇年三月にリニューアルを完了《かんりょう》していて、リニューアルの記念として、「甲子園レンガメッセージ」の募集《ぼしゅう》がありました。球場南側外周の床面《ゆかめん》に敷設《ふせつ》するレンガに、自分の名前を刻《きざ》むことができるのです。私はさっそく申し込《こ》みました。

　すると、事務局《じむきょく》から一〇月の初めに、甲子園レンガメッセージ会員感謝《かんしゃ》イベント「甲子園球場のグラウンドに立とう！」の案内が届《とど》きました。実施日《じっしび》は、一二月二四、二五、二六日です。私は、二〇〇七年三月に、二〇年間教頭・校長を務《つと》めていた小学校を退職《たいしょく》していましたので、参加することは可能《かのう》なのですが、どうしようかなと思っていました。そんなときだったのです。溝下《みぞした》さんから「一度はグラウンドとベンチに入ってみたいですね」というお便りをいただい

甲子園《こうしえん》球場南側外周の床面《ゆかめん》に敷設《ふせつ》された名前入りのレンガ。

たのは。そこで、溝下《みぞした》さんに連絡《れんらく》してみました。

「それはうれしいです。夢《ゆめ》のようです。ぜひお願いします。」

という返事だったので、溝下さんの分も申し込《こ》みました。結果、一二月二五日午前一一時三〇分からという通知が届《とど》きました。

　当日は晴れ。風は冷たかったです。私は待機場所のスタンドへ。溝下さんは、お母さんと一緒《いっしょ》に来ていました。雪花の舞《ま》う中でグラウンドを見学。一時間半の予定時間が、あっという間に過《す》ぎてしまいました。

　私は七四歳《さい》にして、甲子園《こうしえん》球場のグラウンドに立つという夢《ゆめ》が実現《じつげん》できたのです。

2010年12月25日、「甲子園《こうしえん》球場のグラウンドに立とう！」の大きな看板《かんばん》。

ほとんどの人がグラウンド内にはじめて入った。

グラウンドに立つと、思いのほか緊張《きんちょう》した。

○名古屋の松葉さん夫妻《ふさい》

大会中、連日二人で観戦なさるこのご夫妻も、四〇年余り春夏とも甲子園《こうしえん》にやってくるそうです。やはり高校野球についての情報《じょうほう》・知識《ちしき》は抜群《ばつぐん》です。

松葉さんに感心するのは、プレーの予測《よそく》がすごいことです。次はスクイズだ、盗塁《とうるい》をするぞ、この打者はライトフライだな、この試合は三塁側の学校の勝利だなど、予想はことごとく的中するのです。豊富《ほうふ》な資料《しりょう》を駆使《くし》して予想するとこうもなるものかと、私はただただ感心するばかりでした。

松葉さんは、試合と試合の間の時間にいろいろな方と話をしています。プロ野球の各チームのスカウトさんとも語り合っています。そんなところからもデータを集めて、自分なりに処理《しょり》しているようです。松葉さんと観戦していると、ひとつひとつのプレーの見方が育てられます。スタンドで観戦するときにどこの何を見たらよいのか、また、新聞や雑誌《ざっし》の読み方なども教えていただきました。

二人で睦《むつ》まじく観戦している姿《すがた》に心が和《なご》みます。

ところが、松葉さんのご主人は、二〇一〇年の五月に帰らぬ人になってしまいました。

まだまだお若《わか》いのに……。ご主人を亡《な》くした奥《おく》さんのことを思うと、胸《むね》が痛《いた》みます。天国でたくさんの人たちに、高校野球のみならず、プロ野球の名解説《めいかいせつ》をされているに違《ちが》いありません。

松葉さんからいただいた貴重《きちょう》なたくさんの資料は、私の宝物《たからもの》になっています。時々その資料を開くことがあります。スタンドでの松葉さんの姿がありありと浮かんできます。

○加古川《かこがわ》のおばさん（八木さん）

おばさんをひと言で表現《ひょうげん》すると、「肝《きも》っ玉《たま》母さん」。私よりは若いのでしょうが、仲間の中では「お姉さん」的存在《そんざい》です。何かと頼《たよ》りになります。

私は、おばさんが近くで、でんと席に座《すわ》っているだけで安心して観戦できる気がします。私はおばさんからスタンドで観戦するマナーをたくさん学んできました。どんなにすいていても、一人で複数《ふくすう》の席をとらないこと、座席《ざせき》を離《はな》れるとき、スタンドに来たとき、帰るときの挨拶《あいさつ》をはっきりと言うことなどを学びました。

八木さんは、家で若《わか》い人に料理や手芸などを教えているそうですが、私は八木さんから学校での子どもたちとの接《せっ》し方、先生方や親御《おやご》さんたちとの接し方を教わった気がします。

八木さんは私たちにほとんど毎日、弁当《べんとう》をつくってきてくださいます。球場から帰った後、家事をして休み、朝早く起きて弁当をつくるのです。重い、重い手提《てさ》げかばんを提げて元気な足取りでスタンドの席に来ます。心から頭が下がります。そのお弁当は、いつも最高の味です。私のエネルギー源《げん》です。

時折球場に来られないときには、ご主人がお弁当を持ってきてくれることさえあります。

八木さんは旅行社に勤《つと》めているお嬢《じょう》さんと年に何度か外国旅行をされます。その度に旅先から便りが届《とど》きます。心のこもったていねいな便りを読むのが楽しみになっています。

○吹田《すいた》のおばさん（出口さん）
出口さんは家庭の主婦《しゅふ》で、会社にも勤めています。それでも、ほとんど毎日観戦に来るのです。期間中、お休みは一日か、二日。溝下《みぞした》さんと同じです。

出口さんの行動力は抜群《ばつぐん》です。周りの人への気遣《きづか》いも最高。近くの席に座《すわ》っている人にも気楽に話しかけて、すぐに友だちになります。おばさんのおかげで仲間が増《ふ》えてきました。仲間づくりの達人です。

おばさんの持ってくる手提げかばんは、ドラえもんのポケットのようです。暑さを吹《ふ》き飛ばしてくれる食べ物や、眠気《ねむけ》を取り除《のぞ》く食べ物・飲み物が飛び出してきます。

出口さんは、私と同じでたいてい梅田《うめだ》から阪神《はんしん》電車でやってきます。私より先に乗車して席を確保《かくほ》してもくれるのです。梅田発の朝六時の電車ですから、家をよほど早くに出ているのでしょう。家は私が泊《と》まっている宿よりずっと遠いのに、ありがたいことです。

○尼崎《あまがさき》のおじさん（富永《とみなが》さん）

おじさんは、毎朝、五時に球場に自転車でやってきます。仕事の関係で、毎日観戦することはできません。そのため通し券は買っていません。それでも当日券売り場に早くから並《なら》んで、通し券を持っている私たちとほぼ同じくらいに席に来ます。

スタンドに入ったファウルボールを返さなくてもよくなってからは、おじさんはグローブをいつも持参しています。富永さんは、これまでいくつものファウルボールをキャッチしました。おじさんは、そのうちの二個《こ》を、

「学校の子どもたちに見せてあげて、球児のたくましさを話してあげるとええですよ」と言って私にくれました。

○後藤《ごとう》さん

仲間の中では一番の「超《ちょう》人間」！　その超人《ちょうじん》ぶりを紹介《しょうかい》しましょう。

・観戦の席はバックネット裏《うら》の真ん中。朝から午後四時くらいまでは、太陽の日ざしが降《お》り注ぎます。そこで全試合観戦。

・春夏の両大会も、開会式から閉《へい》会式まで全試合を完全観戦。全試合の記録をスコアブックに記録。それだけでなく春の県大会（神奈川《かながわ》県）、地区大会、秋の神宮《じんぐう》大会、県大会、地区大会を、これまた全試合観戦。記録をスコアブックに。

・二〇一〇年の野球観戦は一五五日、三〇六試合。前年に比《くら》べて九試合増《ふ》えたという。

・午前四時台の一番電車で、入場門前に毎日並《なら》ぶ。

・宿は、甲子園《こうしえん》駅の隣《となり》の駅から近いウィークリーマンション。

とてもとても、まねできることではありません。後藤さんのような観戦歴を持っている人は、おそらくいないと思います。ギネス記録になるのではないでしょうか。

○千葉《ちば》のおじさん・おばさん

毎夏、八月一三日頃《ごろ》から五日間くらい観戦に来られるご夫婦《ふうふ》。千葉県代表が勝ち残っていると、大阪滞在《おおさかたいざい》を延長《えんちょう》されます。

○横浜《よこはま》のおじさん

体の調子がよいときは、一週間くらい観戦されるようです。野球のことをよく知っていますが、自分から進んで解説《かいせつ》されることはほとんどありません。

○大分《おおいた》のおじさん（矢野さん）

観戦歴は私より長い方です。大阪にいるお姉さんのところから球場へお越《こ》しとか。矢野さんは毎日、地元産のみかんを持参して私たちに配ってくださるので、仲間から「みかんのおじさん」ともよばれています。年をとるにしたがってスタンドに滞在《たいざい》する日数が多くなっています。時々奥《おく》さんを同伴《どうはん》されています。

○松戸《まつど》の若大将《わかだいしょう》（天谷さん）

二〇一〇年から仲間入り。前から私たちの席のそばで観戦していたようです。吹田《すいた》のおばさんが声をかけて、仲間になりました。

天谷さんは神出鬼没《きぼつ》の人です。ひと試合ごとに席を移動《いどう》します。入場券を複数《ふくすう》枚持っていて、内野席やアルプススタンドで観戦します。期間中でも、仕事で大阪《おおさか》と東京を何度も往復《おうふく》するとのことです。

高校生のときには、NHKのスポーツクイズ番組の高校野球の部で準《じゅん》決勝まで進出したそうです。いろいろな質問に、即座《そくざ》に答えてくれます。

○埼玉《さいたま》のおじさん（太田さん）

太田さんの観戦資料《しりょう》はとてもていねいにつくり込《こ》まれています。大会雑誌《ざっし》に、蛍光《けいこう》ペンでラインをいっぱい引いています。新聞の切り抜《ぬ》きはていねいにファイルに納《おさ》められています。それらを駆使《くし》して観戦しています。

それだけでも太田さんの几帳面《きちょうめん》な性格《せいかく》がわかりますが、持参している荷物にも性格があらわれています。いろいろな道具がリュックサックの中に、きちんと整理されて入っています。はさみ、カッター、のり、各種のペン、付箋《ふせん》、座布団《ざぶとん》、おしぼりなどが、必要なときにすぐに取り出せるようになっているのです。

○青森のおじさん

八月一三日頃《ごろ》から数日観戦される方です。いつも伊丹《いたみ》空港から直接《ちょくせつ》駆《か》けつけてきます。この人は質問が大好きです。仲間の「解説者《かいせつしゃ》」にいろいろと尋《たず》ねながら観戦しています。その質問は実に的確《てきかく》です。私は、おじさんの質問をいつもなるほどと思って聞いています。

このような仲間との観戦は楽しさでいっぱいです。心の絆《きずな》が毎年、強く太くなっているようです。いろいろな方とのかかわり合いは、自分を成長させたり、やさしさ、たくましさ、かしこさを育てたりしてくれます。このことも私にとって、毎年甲子園《こうしえん》を訪《おとず》れる原動力になっているのです。

私たちの仲間は、仲間を世話しなければならないとは誰《だれ》も思っていません。世話をするのではなく、自分がしたいこと、できることをしているのです。みんな、こんな仲間関係ができることを、甲子園《こうしえん》のスタンドで初めて経験《けいけん》したと言っています。


私は、職員室《しょくいんしつ》の先生方とも甲子園の仲間のような関係をつくりたいと、いつしか願うようになりました。しかし、残念ながら、それは正直言って難《むずか》しかったようです。価値観《かちかん》の違《ちが》い、考え方の異《こと》なりなどの壁《かべ》が厚《あつ》かったのでしょうか。甲子園のように趣味《しゅみ》ではなく、仕事だからでしょうか。

それでも、試みたことには意義《いぎ》があったと思っています。おかげで二〇年もの長い間、教頭・校長を続けることができました。私に甲子園の仲間との経験がなければ、子どもたちの全員が中学受験をする小学校の管理職を、長く勤《つと》めることはできなかったかもしれません。

一個《こ》のファウルボールで

～相手の立場に立つこと

二〇〇六年八月一〇日の第二試合は、秋田・本庄《ほんじょう》高と奈良《なら》・天理高との試合でした。試合開始は午後〇時一六分。先攻《せんこう》は天理高。一回表《おもて》、安打二本、二塁打《るいだ》一本。その間に犠打《ぎだ》*二本があり、二点先取。そして打者は、六番・森本佳男《よしお》君（捕手《ほしゅ》）。ファウルボール。なんとそのボールが、ふわふわと私の席の方へ飛んできました。手を出してキャッチしようとしたら手のひらに当たって、席のわきの通路の階段《かいだん》をコロコロと下へ転がっていきます。私は急いでボールを追いかけました。捕《と》ることができました。

私の席の前は、すべて新聞社や雑誌社《ざっししゃ》のカメラマンばかりでした。その人たちはファウルボールなどに見向きもしません。だから七〇歳《さい》の私でも捕ることができたのです。ボールを持って席へもどると、スタンド仲間のおじさん、おばさんたちに、

「先生、若《わか》いよ。よく転ばないで追いついたわね。はだしでかけ下りた姿《すがた》を、学校の子どもさんに見せたかったわね。」

＊犠打《ぎだ》：バントまたはフライにより、打者はアウトになるが、走者を進塁《しんるい》またはホームインさせる打撃《だげき》のこと。

と、冷やかし気味に言われてしまいました。でも、そんな言葉は上の空。私は、はじめて自分でファウルボールをキャッチした大きな感動に包まれていたのです。

この打席の森本君は三振《しん》でした。

私はこの日の試合が終わるまで、何度もキャッチしたボールに触《さわ》っていました。

その日の試合が全部終わって宿の部屋にもどり、ボールを机《つくえ》の上に飾《かざ》りました。そして、休む前に、天理高の宿舎《しゅくしゃ》あてに森本君への礼状《れいじょう》を綴《つづ》りました。翌朝投函《とうかん》。彼《かれ》のもとへ届《とど》くかどうか不安もありましたが、そんなことよりも、礼状を書きたい気持ちでいっぱいだったのです。

この年の大会の決勝戦は、球史に残る早稲田《わせだ》実業高と駒大苫小牧《こまだいとまこまい》高。二日間の熱戦を繰《く》り広げました。

八月二四日の午後、ひさしぶりに学校へ。机の上にはたくさんの文書や郵便物《ゆうびんぶつ》がありました。整理をしていたら、一葉のはがきが……。なんと、森本君からの返信でした。まさか返事が来るとは。それは、次のような内容《ないよう》でした。

暑さ、まだまだ厳《きび》しい中、いかがお過《す》ごしでしょうか。

先日は宿舎《しゅくしゃ》にまで心温まるお葉書をいただきましてありがとうございました。僕《ぼく》にとっても神林《かんばやし》先生からいただいた思いもよらない甲子園《こうしえん》の神様からのプレゼントだと大切にしたいと思います。僕の家族、特に、祖母《そぼ》が涙《なみだ》を流して読んでいました。

どうぞ、お体に気をつけて。学校のみなさんによろしくお伝えください。


森本君は天理高の三年生。実にていねいに綴《つづ》っています。そのはがきを読んだ私は、森本君は野球を通してやさしさ、たくましさ、かしこさを育てているのだと確信《かくしん》しました。

天理高は一四日の第三試合で、熊本《くまもと》工高と対戦。惜《お》しくも五対三で敗退《はいたい》。六回までは三対一とリードしていたのですが、七回、九回に二点ずつ入れられ、逆転《ぎゃくてん》負け。この時点で、森本君の夏は終わりました。森本君はそんな中で、礼状《れいじょう》を綴ってくれていたのです。

私は、森本君から「かかわりのある人への思いやり」を教えられた気がしました。

私は、マスコミが騒《さわ》ぐ「ハンカチ王子」早実の斎藤《さいとう》君と同じように、森本君のような選手もいることを、ぜひ、広く知ってもらいたい！　これは、本書を著《あらわ》す動機のひとつとなりました。

校長職《しょく》についてから子どもとかかわる機会が少なくなっていました。そこで考えついたのは、文章でかかわることでした。毎日、私のところに先生方が発行する通信が届《とど》けられます。その通信には子どもの日記が載《の》せてあります。その日記を読んで、私の感想をはがきに綴って、ポストに投函《とうかん》するという方法です。

一葉のはがきを子どもは喜んでくれました。ていねいに返事を書いて送ってくれる子どももたくさんいました。毎日、仕事が終わってからはがきを書きました。とても楽しい時間になりました。

一日平均《へいきん》三〇枚《まい》ほど書きました。一年間で、

れました。

子どもたちは、文章を綴《つづ》ることの価値《かち》を知りました。はがきを読む楽しさも味わってくれました。

夏休みになると、子どもからたくさんの便りが届《とど》きます。私が甲子園《こうしえん》に通っている間は、毎日、それをコピーしたFAXが自宅《じたく》から宿に届きます。その返事をスタンドで書きました。試合が始まる前、試合と試合の間の時間を使いました。

関心のある高校のノックを見ていると、仲間から、

「先生、子どもへのはがきは終わったのですか。怠《なま》けてはいけませんよ。」

という声がかかりました。そして、

「子どもは、今か、今かと郵便《ゆうびん》受けをのぞいていますよ。」

と、戒《いまし》めてくれます。おかげで、毎日、返事を書くことができたのです。

森本君への礼状は、この流れの中にあったのです。森本君からの返信は、返事をくれる子どもの気持ちときっと同じだったのだと思っています。

便りは、電話よりもおっくうでも、はがきか便せんに書くことが良いと考えています。

それも、ペンで自筆が良いです。どんなに忙《いそが》しくても「筆まめ」になることこそ、心の絆《きずな》を強くする秘訣《ひけつ》だと思います。

退職《たいしょく》してからは、はがき書きが少なくなり、さびしさを感じています。

思わぬ影響《えいきょう》
～この親にしてこの子あり

二〇〇六年九月五日、第二学期の始業式、私は子どもたちに野球のボールを見せながら話しました。森本君のあのファウルボールです。真夏のグラウンドでプレーする高校球児のことも語りました。そして、そのボールを昇降口《しょうこうぐち》のホールに飾《かざ》っておくことを子どもたちに伝えました。

「一〇月におこなわれる運動会の練習で、パワーが必要なときは使ってもらいたい。速く走りたいとき、チームワークを強くしたいときには、そのボールに触《さわ》ってみると

いいよ。」

すると、次の日からボールを手にする子どもがたくさんあらわれました。ボールで胸《むね》をなでたり、足を一生懸命《いっしょうけんめい》にたたいたりしています。なかには、目を閉《と》じて、なにかをつぶやきながら、ボールで頭をなでている子どももいました。

私は写真の得意な先生にお願いして、始業式の様子やホールのボールにさわっている子どもの姿《すがた》を撮《と》ってもらいました。そして、それを森本君に送りました。

一〇月六日、私の机《つくえ》の上にひときわ大きい封筒《ふうとう》が置かれていました。差し出し人の名前を見ると、森本君のご両親からでした。中には、夏の大会出場記念の大きなスポーツタオルと、甲子園《こうしえん》での森本君のバッティングのスナップ写真も入っていました。挨拶状《あいさつじょう》（次ページ）も同封《どうふう》されていました。

「第八八回全国高校野球選手権《せんしゅけん》大会出場記念タオル」

今年の夏は、本当に暑い夏でした。

七月三〇日奈良《なら》大会決勝戦。奈良県では、史上初の四年連続出場なるかというプレッシャーがやはりどこかに潜《ひそ》んでいたのか、何か重苦しい試合展開《てんかい》でしたが、見事九回裏《うら》、逆転《ぎゃくてん》サヨナラで勝利し、憧《あこが》れの夢《ゆめ》の甲子園《こうしえん》への出場を果たせました。（中略《ちゅうりゃく》）

大会では惜《お》しくも二回戦までとなりましたが、甲子園球場にまで足を運び、また、テレビで応援《おうえん》をしてくださり本当にありがとうございました。

出場記念のタオルが出来上がりましたので、どうぞお納《おさ》めください。

高校卒業後は大学への進路となりますが、今後ともよろしくお願いします。

二〇〇六年一〇月

森本

六日の午後七時過《す》ぎに、森本君のお母さんから学校に電話が入りました。その内容《ないよう》は、
・息子《むすこ》のことを、学校の通信に書いていただきありがとうございました。
・幼稚園《ようちえん》と小学校の始業式で、ボールを使って子どもたちに話をされているスナップ写真やホールにおいてあるボールに触《さわ》っている子どもの写真にも感激《かんげき》しました。
・甲子園出場記念のタオルをつくりましたので、先生にお送りしました。
軽やかな関西弁《べん》での語りでした。私は歯切れのよい話に引き込《こ》まれ、「この母親にしてこの子あり」をつくづく実感しました。

たった一個《こ》のボールが、人と人との心を結びつけてくれることを、つくづく感じました。

そして、これは甲子園のスタンドで観戦していなければ誕生《たんじょう》しない結びつきだったことも、強く感じました。

運動会が終わってから、何人もの子どもからお礼を言われました。
・森本選手のボールのおかげで、徒競走で二位になりました。一年生のときは四位だったので、うれしかったです。
・「足の歴史リレー」で優勝《ゆうしょう》できましたよ。クラスのみんなが練習のときに、ボールにお

願いしたのです。どうもありがとうございました。

・「玉入れ」で、ぼくは八個《こ》もかごに入れたよ。昼ごはんのとき、お父さんとお母さんにほめてもらったよ。森本さんのボールでたくさん右腕《みぎうで》をこすったからだと、お父さん、お母さんに教えたよ。

こんな声を聞きながら、私は、夏の大会のことを思い浮《う》かべていました。

森本君が打ったファウルボールが、子どもにとって良き教材になりました。また、私にとっても予想を超《こ》えた結びつきが生まれました。森本君のお母さんとかかわることができたのです。

子どもと生活をしていると、その子の育ち方がわかります。どんな家庭で生活をしているのかも想像《そうぞう》できます。

子どもの性格《せいかく》、気質《きしつ》、成長の過程《かてい》は、その子の家庭、とりわけ両親の子どもへのかかわり方ででき上がります。だから、子どもとかかわっていると両親が見えるのです。

子どもは、親の姿《すがた》を見て育ちます。そのため、「この親にしてこの子あり」と言われるのです。

賢《かしこ》い親であるためには、次のことを考えなければなりません。

どんな子どもも一人ひとり顔が違《ちが》うように、その子の持っている「輝《かがや》き」「可能性《かのうせい》」は違います。この輝きや可能性に即《そく》してその子を育てるのが賢い親なのです。

①子どもを測《はか》るものさし

わが子を測るものさしは、わが子にあります。ともすると、わが子を測るときにほかの子どものものさしを使ってしまうことがあります。そ

2010年8月12日、甲子園《こうしえん》のスタンドで偶然《ぐうぜん》、天理高の応援《おうえん》に来ていた森本君に会う。つくづく森本君との縁《えん》を感じた。

のものさしは、とかく長いものさしになりがちです。だから、わが子の劣《おと》っているところ、悪いところなどマイナス面しか測《はか》りません。わが子のプラス面を見ようとしません。だから、わが子をほめるよりは、注意したり、叱《しか》ったりすることが多くなります。これでは、わが子は輝《かがや》きません。自信を持った行動をしなくなります。親の期待や願いとだんだん離《はな》れていきます。わが子の良さを知らず知らずに摘《つ》み取っているのです。

高校野球の監督《かんとく》は、一人ひとりの選手をその選手のものさしで測っています。一人ひとりの選手を丸ごととらえています。私もそうありたいと思っています。

②わが子を丸ごととらえる

「いい子大好き・おとなしい子大好き・勉強好きな子大好き・言うことをよく聞く子大好き・何でもよくできる子大好き・一番好きな子はよく眠《ねむ》っている子」

こんなことを考えていませんよね。これは、親の願いや期待が先行する、一方的な子どものとらえ方です。マイナスの面もプラスの面もとらえてあげてください。そして、プラス面をうんとほめてあげてください。

子どもは、大人が言うようにはなかなかなりません。でも、大人がするようには、すぐ、なります。

甲子園《こうしえん》に興奮《こうふん》の渦《うず》を
~運も実力のうち

第九一回全国高校野球選手権《せんしゅけん》大会は、二〇〇九年八月八日に開幕《かいまく》しました。私は、この大会で、夏の観戦は三三年連続になりました。開会式から閉会《へいかい》式まで完全観戦できた大会としては、二回目です。だから、忘《わす》れられない大会です。

初めて完全観戦したのは、二〇〇六年第八八回大会でした。早稲田《わせだ》実業高と駒大苫小牧《こまだいとまこまい》高が決勝戦を二日間戦ったため、四九試合を観戦しました。

大会を完全観戦するのは、なかなか難《むずか》しいことです。毎年なんらかの学校行事や研修会《けんしゅうかい》がその間に入るからです。また、冠婚葬祭《かんこんそうさい》で行けなくなったことも、けっこうたくさんありました。

一試合でも多く観戦するために、用事を済《す》ませて甲子園《こうしえん》にトンボ帰りしたこともありました。新潟《にいがた》市、長岡市、柏崎《かしわざき》市に行くために、何度も大阪《おおさか》と東京を往復《おうふく》したこともありました。それでも、完全観戦は、二〇〇九年でまだ二回目です。

第九一回大会には、もうひとつ忘れられない出来事がありました。わが故郷《こきょう》、新潟代表の日本文理高の活躍《かつやく》です。

第九〇回大会までの新潟県勢《けんぜい》の成績《せいせき》は、全国最下位でした。どういうわけか、新潟県勢はこれまでなかなか勝利を手にできなかったのです。

ところが、日本文理高は違《ちが》いました。

初戦二回戦*の対戦相手は、香川《かがわ》代表、春夏初出場の私立寒川《さんがわ》高でした。二回戦は六日目の八月一三日の予定が、八月九、一〇日が降雨《こうう》のため試合ができずに順延《じゅんえん》となり、一五日の第三試合となりました。一五日は、お盆《ぼん》で土曜日、そのうえ、第一試合は地元大阪代表のＰＬ学園高が出場とあって、開門時刻《じこく》は六時四五分。朝からスタンドは満員状態《じょうたい》でした。

第二試合が一二回の延長戦《えんちょうせん》となったため、第三試合が始まったのは午後一時五一分でした。先攻《せんこう》は日本文理高です。観衆《かんしゅう》は、三万六千人と発表されました。

三回裏《うら》、寒川高のヒットと送りバントの後、タイムリーヒットで一点を先取。しかし、

＊２回戦：試合の組み合わせは抽選《ちゅうせん》で決まり、日本文理高の初戦は２回戦の試合だった。

この回は一点止まり。

六回表《おもて》、無死二塁《るい》。二番・高橋（隼）君、セオリー通り送りバントの構《かま》え。ところが、バスター[*1]に切り替《か》えて、コンパクトにスイング。それが左中間へのタイムリーヒットとなり同点。

仲間の尼崎《あまがさき》のおじさんが、私のためにつぶやいてくれました。

「りっぱだね、新潟《にいがた》の選手は。バスターを成功させちゃったよ。」

六回裏《うら》、一死後、二塁打二本とタイムリーヒットで寒川《さんがわ》高に二点が入る。

七回表、日本文理高の五番・高橋（義）君が、センターオーバーの本塁打を放ち、一点差に追いつく。

八回表、先頭打者・中村君、レフト前ヒット。一死後、高橋（隼）君が、またもやバスター。二塁打となり、ランナーは二、三塁。三番・武石《たけいし》君、鮮《あざ》やかなセンター前タイムリー。二点入って、一点勝ち越《こ》し。

八回裏、日本文理高ピッチャー伊藤《いとう》君は、ヒット一本だけに抑《おさ》え本調子にもどってきた。

九回裏も、伊藤君の快投《かいとう》。三者連続三振《しん》を奪《うば》う。日本文理高、五回目の夏で初白星。

＊1 バスター：バントをする構《かま》えから普通《ふつう》に打つこと。

私は、仲間のみなさんから、「おめでとう」とお祝いの言葉をかけていただきました。

溝下《みぞした》さんが、「伊藤君は、奪《だつ》三振《しん》一〇個《こ》よ。日本文理高のヒットは一一本ですよ」と、スコアブックを見ながら教えてくれました。

大会一〇日目（八月一九日）三回戦は、石川代表・初出場の日本航空《こうくう》石川高との対戦。日本航空石川高は、二回戦で秋田代表・明桜《めいおう》高を延長《えんちょう》一二回、ヒットと相手の牽制《けんせい》*2悪送球でサヨナラ勝ち。先発ピッチャーの栗本《くりもと》君、直球とスライダー*3、スローカーブを使い分けての力投でした。中継《なかつ》ぎの浜田君、抑えの中田君も力のある投球をしていました。打線は五番の北寺君さえ警戒《けいかい》すればそんなに怖《こわ》くはないのではと、私は思いました。

おじさんたちの予測《よそく》も、打線のよい日本文理高が有利とのことでした。

一一時一四分、試合開始のサイレン。

一回表、日本航空石川高が先攻《せんこう》。日本文理高ピッチャー伊藤君、三人を簡単《かんたん》に打ち取る好投。甲子園二回目のマウンドは、体の切れがとても良い。

一回裏、日本文理高は、一番・切手君、ヒット、二番・高橋（隼）君、送りバント、三

＊2 牽制《けんせい》：ランナーが盗塁《とうるい》しないように、ランナーのいる塁にピッチャーがボールを投げること。
＊3 スライダー：ピッチャーが投げる変化球のひとつ。右投げ投手から見て、右から左に曲がる。

番・武石《たけいし》君、三塁《るい》フライで二死、四番・吉田君の二塁打と、高橋（義）君、伊藤《いとう》君の連打で二点先取。初回から勝利の女神《めがみ》が微笑《ほほえ》んでくれた。

ところが、「これは、まずいですよ。選手がうわついていますね」と、松葉さんが言うのです。すると二回表《おもて》、松葉さんの予測《よそく》が的中。三塁打から三本のヒットが続き、二点を取られ、同点にされてしまいました。

二回裏《うら》、大井監督《かんとく》が円陣《えんじん》を組みました。そこでどんな指示をしたのでしょうか？　日本文理高の打線が大爆発《だいばくはつ》。ヒット、エラー、ヒット、三塁打、ヒット、二塁打で五点奪取《だっしゅ》しました。三塁側のアルプススタンドは大騒《おおさわ》ぎです。

六回裏、伊藤君のスリーランで三点。

七回裏、八回裏にもそれぞれ一点ずつ。なんと合計一二点。

九回表、二塁打と三連打で、三点を追加されましたが、結局、一二対五で試合終了《しゅうりょう》。

一九八四年の新潟《にいがた》南高以来、新潟代表は、二五年ぶりのベスト８に進出となりました。

毎回の二〇安打、一二得点は甲子園《こうしえん》大会での新潟県勢《けんぜい》新記録でした。伊藤君は、三振《しん》を一三個取《と》る快投《かいとう》ぶり。

試合終了後、松葉さんがこんな評《ひょう》を私に語ってくれました。

「強いですよ。鍛《きた》えられています。野球をよく知っています。今年は期待できますね。」

この言葉は、私の心に強く響《ひび》きました。


大会一二日目（八月二一日）準々決勝《じゅんじゅんけっしょう》は、島根代表・初出場の立正大淞南《りっしょうだいしょうなん》高との対戦。

淞南高の二回戦は、山口代表・華陵《かりょう》高を九回裏サヨナラホームランで破り、三回戦は群《ぐん》馬《ま》代表・東農大二高との対戦。九回表三本の長打で二点を取り、逆転《ぎゃくてん》勝利。勝負強さが売りの学校で、ピッチャー崎田《さきた》君も伊藤君と同じく二試合完投。

午後二時二三分、試合開始。日本文理高は、後攻《あとぜ》め。

二回裏、三安打とひとつのエラーで、一点先取。この試合も打線好調。

四回表、二死から三番・後藤《ごとう》君、三塁打、四番・崎田君、四球。五番・成田《なりた》君のタイムリーで一点。その後、押《お》し出しの四球で一点を入れられ、逆転《ぎゃくてん》される。ピッチャーの伊藤君、四球が多い。

四回裏《うら》、一死後、中村君二塁打《るいだ》。切手君、四球。高橋（隼）君タイムリーで一点取り、二対二の同点に。

六回表《おもて》、四番・崎田《さきた》君、左翼《さよく》スタンドに飛び込《こ》むホームラン。またも一点リードされる。

六回裏、松葉さんが「崎田君の投球に疲《つか》れが見えるね。日本文理高はチャンスだよ。」と言いました。すると、切手君が三塁打、高橋（隼）君が二塁打を放ち、この回三点を取り、逆転《ぎゃくてん》。

七回裏、中村君の二塁打で一点。

八回裏、ここで打線爆発《ばくはつ》。武石《たけいし》君二塁打、吉田君三塁打、高橋（義）君ホームラン、中村君、切手君の連打で、五得点。

九回表、伊藤《いとう》君は三者凡退《ぼんたい》に抑《おさ》え、完投勝利。先発全員安打。一一対三の大差の勝利。また、毎回安打の一九安打。「二試合連続の毎回安打」は史上初だと、松葉さんが教えてくれました。

立正大淞南《りっしょうだいしょうなん》高は、新型インフルエンザで五人もベンチ入りできなかったのです。地方大会で好救援《こうきゅうえん》した飯島君の起用もありませんでした。淞南高は無念だったことでしょう。

第九〇回大会までは、四七都道府県で唯一《ゆいいつ》ベスト4に進出したことがなかった新潟県《にいがたけん》勢《ぜい》。日本文理高が初めて進出を決めたのです。

大会一四日目（八月二三日）準決勝《じゅんけっしょう》の相手は、岐阜《ぎふ》代表・県立県岐阜商高です。夏の大会二七回出場。県立の名門校です。

同高は、二回戦で山梨《やまなし》代表・山梨学院大付属《ふぞく》高と対戦し、一回裏の猛攻《もうこう》で投手山田君のホームラン他、二塁打二本、安打三本、それに四球二個《こ》で、一挙七点を挙げました。守っては山田君、桜田《さくらだ》君、松田君の継投《けいとう》で、一四対六の快勝《かいしょう》でした。

三回戦は、大阪《おおさか》代表・PL学園高と対戦。一回裏、一死二塁で三番・江崎《えざき》君の二塁打で一点先制《せんせい》。三回裏、二死二、三塁から山田君の二塁打で二点を加えました。さらに、四回裏に一点、五回裏には山田君のホームランで一点。七回裏にも一点追加。合計六点。先発投手の山田君は完投。PL学園高を打たせて取る投球で、三点に抑えました。

私は、県岐阜商高がよく打ったことが勝因《しょういん》だと思ったのですが、尼崎《あまがさき》のおじさんはPL

学園高の三つのエラーが命取りだったと解説《かいせつ》していました。

そういえば、確《たし》かに県岐阜《ぎふ》商高の安打は九本でした。PL学園高のエラーがなかったら、どちらが勝つかはわからない試合でした。私の試合の見方の甘《あま》さをおじさんから気づかされたのでした。

県岐阜商高の準々《じゅんじゅん》決勝の相手は、東東京《ひがしとうきょう》代表・帝京《ていきょう》高でした。県岐阜商高は一回裏《うら》、安打三本で二点先取。三回裏、安打二本、二塁打《るいだ》一本、四球二個《こ》、送りバントで四点。山田君は一二安打を打たれながらも、要所要所を抑《おさ》える力投で三点を与《あた》えただけの好投でした。帝京高は一三残塁《ざんるい》の試合でした。

強豪校《きょうごうこう》を次々と破ってきた県岐阜商高との試合は、満員の観衆《かんしゅう》が見つめる中で、午前一一時に開始されました。

一回表、県岐阜商高先攻《せんこう》。日本文理高の伊藤《いとう》君は三振《しん》をふたつ続けて取り、好調なスタート。三番好打者・江崎《えざき》君にセンターオーバーの三塁打を打たれ、ピンチです。私は胸《むね》がドキドキしました。しかし、四番・井貝君は二塁ゴロとなり、落ち着いた守りで無得点ですみました。

一回裏、三塁ゴロ、三振、センターフライ。これで、初戦から続けてきた日本文理高の連続毎回安打が途切《とぎ》れてしまいました。一回、三回、四回、五回表《おもて》まで得点なし。打撃戦《だげきせん》になると予想していた試合でしたが、始まってみれば山田君、伊藤君の投手戦になりました。

五回裏、試合が動きました。先頭打者は一番・切手君。センターオーバーのライナーの三塁打となりました。切手君の俊足《しゅんそく》がもたらした三塁打です。三塁ベースでガッツポーズをする切手君の姿《すがた》がまぶしく見えました。すかさず、二番・高橋（隼）君がライトにはじき返すヒットを打ち、一点先取しました。

六回裏、先頭の伊藤君が左翼《さよく》への二塁打。中村君のタイムリーヒットで追加点。二対〇となりました。伊藤君の好投、守りの堅《かた》さが続きました。八回まで県岐阜商高は無得点です。私は、もしか、もしかに期待をふくらませました。

九回表、先頭打者三番・江崎君、三振。あと二人です。四番・井貝君、右翼《うよく》への安打。五番・強打者山田君、三振。あと一人。代打・古川君、打球は快音《かいおん》を残して左翼への二塁打。一点入れられ、二対一。なおも二死ランナー二塁《るい》。しかし、泉田君をショートゴロに打ちとり、日本文理高の勝利です。決勝戦に進出!!

伊藤《いとう》君は、県岐阜《ぎふ》商高を六安打に抑《おさ》えました。一イニング*二本の安打を許《ゆる》したのは、九回だけでした。三振《しん》は、一一個奪《こうば》いました。打線は二ケタ安打の一〇本。四試合連続の二ケタ安打を達成しました。

大会最終日(八月二四日)決勝戦。対戦相手は、超《ちょう》名門の中京大中京高。夏の大会、二五回目の出場。春夏の大会で一〇回も優勝《ゆうしょう》を経験《けいけん》している強豪《きょうごう》中の強豪です。

中京大中京高の決勝までの軌跡《きせき》は、次のとおりです。

一回戦、京都代表・龍谷大平安《りゅうこくだいへいあん》高　五対一(二回裏《うら》、一挙五点)

二回戦、兵庫《ひょうご》代表・関西学院高　五対四(九回裏、河合君のサヨナラ本塁《ほんるい》打)

三回戦、長野代表・長野日大高　一五対五(一六安打の猛攻《もうこう》)

準々決勝《じゅんじゅん》、宮崎《みやざき》代表・都城《みやこのじょう》高　六対二(一回裏、磯村《いそむら》君のスリーラン本塁打で先制《せんせい》)

準決勝、岩手代表・花巻《はなまき》東高　一一対一(磯村《いそむら》君、伊藤《いとう》君、金山君、河合君の四本塁

＊イニング：攻撃《こうげき》の回数。両チームがそれぞれ攻撃と守備《しゅび》を一度ずつおこなうと１イニング。

打を含《ふく》む一三安打の猛攻）

八月二四日、私は午前四時半に起床《きしょう》して、部屋で朝食をとりながら新聞に目を通してから、駅の売店でスポーツ紙を購入《こうにゅう》してきて、ふたたび部屋にもどって読みました。一般紙《いっぱんし》もスポーツ紙も、中京大中京高が優勢《ゆうせい》と報《ほう》じています。

梅田《うめだ》駅発の八時一五分の特急に乗り、八時半に甲子園《こうしえん》球場に到着《とうちゃく》しました。当日券売り場の列が異様《いよう》に長いように感じられました。快晴《かいせい》の夏空です。一〇時の開門予定が九時半に早まりました。私は、いつもの仲間といつもの席を確保《かくほ》して着席。胸《むね》が早くも高鳴っています。

仲間のみなさんも新聞の予測《よそく》と同じく、中京大中京高が優勢だと言っています。ただ、私のことを気づかって、日本文理高の伊藤君の出来と打線の爆発《ばくはつ》いかんではわからないと言ってくれました。

午後一時一分、試合開始のサイレン。先攻《せんこう》は日本文理高校。スタンドは、内外野とも人、人、人。一塁側アルプススタンドは、大声援《だいせいえん》です。

一回表《おもて》、一死後、高橋（隼）君がセンターへ安打。次の打者が併殺打《へいさつだ》で無得点。

一回裏《うら》、堂林君、二点本塁打《ほんるいだ》。伊藤《いとう》君の投球はこれまでと同じように見えたが……。

二回表、吉田君、高橋（義）君の連続二塁打で一点差に追いつく。

三回表、高橋（隼）君の左翼《さよく》スタンドへ飛び込《こ》む本塁打で一点追加して、同点に！

二回、三回、四回、五回は、伊藤君の力投と堅《かた》い守りで得点を与《あた》えず。

六回裏、調子を上げていた伊藤君が、二死後、堂林君にタイムリーヒットを打たれ、満《まん》塁《るい》の走者のうち二人がホームイン。また勝ち越《こ》される。その後も、中京大中京高の猛攻《もうこう》が続き四点。流れが、中京大中京高へ。この回、合計六点取られる。

七回表、三連打で一点奪取《だっしゅ》。日本文理高の打者も負けていない。八対三に。

七回裏、安打、二塁打、安打で二点。これで、中京大中京高、二ケタ得点の一〇点に。

八回表、高橋（義）君の安打と中京大中京高のエラーで一点奪取。一〇対四。

八回裏、安打一本を許《ゆる》すも、後続を断《た》ち、無得点に抑《おさ》える。

さあ、ドラマの中のドラマを演《えん》じた九回表の日本文理高の攻撃《こうげき》を詳《くわ》しく紹介《しょうかい》しましょう。

○先頭打者八番・若林《わかばやし》君
・ストライクを見送る
・ボールを見送る
・ファウルボール
・見逃《みのが》しの三振《しん》　一死
○九番・中村君
・ボールを見送る
・ショートゴロ　二死
万事休すか。仲間の中で帰る支度《したく》を始める人がいます。

すると、加古川《かこがわ》のおばさんが、一喝《いっかつ》。

「まだ終わっていないよ。野球はツーアウトからだよ。先生はまだあきらめていないよ。」

うれしい言葉でした。
○一番・切手君
・ボールを見送る

・ストライクを見送る
・ボールを見送る
・ストライクを見送る
・ボールを見送る
・ボールを見送る　四球
四球を選んだ切手君が、一塁《るい》に出塁。ここから、日本文理高の猛反撃《もうはんげき》開始。
◯二番・高橋（隼）君　走者一塁
・ストライクを見送る
・ボールを見送る
・ファウルボール
・ボールを見送る
ここで一塁走者切手君が、二塁への盗塁《とうるい》に成功！
・ファウルボール
・ファウルボール

・ボールを見送る
・タイムリー二塁打《るいだ》
切手君がホームインして、一点奪取《だっしゅ》！
五対一〇
〇三番・武石《たけいし》君　走者二塁
・ボールを見送る
・ファウルボール
・ストライクを見送る
・ボールを見送る
・ファウルボール
・ファウルボール
・右翼《うよく》へタイムリー三塁打
二塁走者の高橋（隼）君ホームイン。一点追加して、六対一〇

「週刊《しゅうかん》ベースボール」
別冊《べっさつ》秋季号
（ベースボール・マガジン社）

○四番吉田《よしだ》君　走者三塁《るい》
・ボールを見送る
・ファウルボール
・デッドボール
○五番・高橋（義）君　走者一、三塁
・ファウルボール
・ボールを見送る
・ボールを見送る
・ストライクを見送る
・ボールを見送る
・ファウルボール
・ファウルボール
・ボールを見送る　四球
満塁《まんるい》です！　次のバッターは六番・伊藤《いとう》君。スタンドは、伊藤君コール。一塁側アルプスタンド、一塁側内野席、バックネット裏《うら》席、外野席もコール。何万もの人の大合唱。私も大きな声で、伊藤君コールを。伊藤君は、落ち着いて打席に。心臓《しんぞう》の音が聞こえます。仲間の人たちが、「先生、チャンス、チャンス」と声をかけてくれます。

○六番・伊藤君　走者満塁

・ボールを見送る

・ボールを見送る

・左翼《さよく》へタイムリーヒット

・武石《たけいし》君、吉田君ホームイン　二点。八対一〇

奇跡《きせき》の訪《おとず》れ。あと二点です。拍手《はくしゅ》の嵐《あらし》。これぞ越《えち》後《ご》魂《だましい》！

○代打・石塚《いしづか》君　走者一、二塁

・初球を打って、左翼へタイムリーヒット

・高橋（義）君ホームイン　一点。九対一〇

怒濤《どとう》の攻撃《こうげき》で、一点差に追いつきました。球場は興奮《こうふん》のるつぼです。二死からの攻撃で五点を奪取《だっしゅ》したのです。いよいよ同点まであと一点になりました。多くの観衆《かんしゅう》が日本文理

高を応援《おうえん》しています。

○八番・若林《わかばやし》君（この回二度目の打席）　走者一、三塁《るい》

・ボールを見送る

・三塁ライナー　アウト　試合終了《しゅうりょう》

終わりです。日本文理高のこの回の攻撃《こうげき》は、およそ二〇分間続いていました。四〇四一校の頂点《ちょうてん》に立ったのは中京大中京高。しかし、そのときの中京大中京高には、マウンドで全員が抱《だ》き合って喜ぶ定番の姿《すがた》はありませんでした。大藤監督《おおふじかんとく》の胴《どう》上《あ》げもありませんでした。

ホームベースに並《なら》んだ両校。中京大中京高の選手が泣いています。日本文理高の選手には笑顔《えがお》があります。私は、そのようすが涙《なみだ》でぼやけてよく見えませんでした。球史に残る名勝負でした。

中京大中京高は、夏の大会では四三年ぶり七度目の優勝《ゆうしょう》です。日本文理高は、自校はもちろんですが、新潟県勢《にいがたけんぜい》で初めての準《じゅん》優勝となりました。

閉会式《へいかいしき》。なかなか頭の切り替《か》えができませんでした。感動、興奮《こうふん》が収《おさ》まりません。

日本文理高の決勝戦の試合は、今でも鮮明《せんめい》に思い出すことができます。しかし、感動と興奮が強く、文章に綴《つづ》るのは、今でもとても難《むずか》しいのです。

日本文理高は、甲子園《こうしえん》の一試合一試合で力をつけました。私は、対戦校に恵《めぐ》まれたと思っています。最初に対戦した寒川《さんがわ》高に逆転《ぎゃくてん》勝ちをしました。県大会では六試合とも圧勝《あっしょう》で甲子園に出場。寒川高に初めてリードされるということを体験したのです。そして、初めての逆転《ぎゃくてん》勝利。日本文理高の選手には自信とねばりの大切さがわかったのでしょう。

もし、県大会のように圧勝していたら、次の試合で勝てたかどうかわかりません。「運」に恵まれていたのかもしれません。しかし、私は、「運も実力のうち」だと思っています。「運」をよぶたくましさ、「運」を生かす賢《かしこ》さがなければ「運」は生きて働きません。

このことは、国立《くにたち》学園の子どもたちが受験をする頃《ころ》に、常《つね》に言ってきたことでもありました。

二月の受験のときは、風邪《かぜ》やインフルエンザが流行します。体調を悪くする子どももも出てきます。一月に体調を崩《くず》しても、二月は万全な体調で受験する子どもと、二月になってから体調を悪くし、受験を迎《むか》えざるを得ない子どももいます。これも「運」です。

三学期の初めに健康管理について丁寧《ていねい》に話をします。子どもも家庭も注意をします。それでも気の毒な子どもが出てしまうのです。健康で受験できる力をつけておくことが大切なのです。どんなに勉強しても、それを発揮《はっき》できなくては受験は成功しません。「健康運」をよび込《こ》む努力が必要なのです。

子どもたちを見ていて強く思うのは、「運」にまかせるのではなく、「運」はよび込むものだということです。

あとがき

夏の大会の観戦は、自分の健康状態《じょうたい》を知るバロメータになります。私の場合は、人間ドックでの診断《しんだん》よりも夏の大会を観戦した方が、自分の体の状態《じょうたい》が良くわかります。早寝《はやね》早起き、夏の暑さに耐《た》える生活です。日中はクーラーが効《き》いている部屋にはいません。真夏の空気を満喫《まんきつ》できます。暴飲暴食《ぼういんぼうしょく》をすることもありません。心を躍《おど》らせる時間がたくさんあります。全神経《しんけい》を集中することもたくさんあります。健康に気をつける生活をして観戦を終了《しゅうりょう》したときは、この上ない幸福感を味わうことができます。

今年の夏の大会は、節電策《さく》をとるという報道《ほうどう》がありました。電力消費のピークになる午後を避《さ》けたり、夜間試合の時間を少なくしたりするそうです。

変更《へんこう》は次のようになるそうです。

・第一日目の開会式は、今まで通り午前九時開始。

・二日目の一回戦から準決勝《じゅん》までは、連日午前八時開始。一日四試合のときは、三〇分早くなる。三試合の日は、一時間三〇分早くなる。準々決勝、準決勝の二試合の日は、開始が三時間も早くなる。
・決勝戦は、午前九時三〇分開始。今までより三時間三〇分も早く開始されることになる。決勝戦が午前に開始されるのは、大会史上初めてだそうです。今年は、早起きをする毎日になりそうです。

五年前の二〇〇六年の秋、今人舎の稲葉茂勝さんとお会いしたときに甲子園《こうしえん》観戦の話をしました。稲葉さんはたいへん興味《きょうみ》深く聞いてくださいました。私は調子に乗って、雑誌《ざっし》を見せたり、チケット、らくやんカードなどを見せたりしながら観戦のことを語りました。もちろん、森本君が打ったファウルボールも見せて説明しました。

稲葉さんの用件《ようけん》の何倍もの時間になってしまいました。そして、最後に稲葉さんは、「先生、おもしろい話ですよ。まとめましょうよ。ぜひ、本にしたいですね。書いてみてくださいね。」

と、話してくださいました。私は、考えもしないことを言われてびっくりしました。果たして本になるのだろうかという思いが強かったです。

その後、稲葉さんと会うと、その度に「観戦のまとめは進んでいますか」と声をかけてくださったのです。退職《たいしょく》したら腰《こし》を上げようかなと思い、時間のあるときに、資料《しりょう》を見たり読んだりしていたのですが、二〇〇七年三月に国立《くにたち》学園を退職後、さとえ学園小学校から声がかかり二年間勤《つと》めることになったのです。

というわけで、始めたのは二〇一〇年に入ってからでした。そして、わたしは教師《きょうし》であって、野球についての専門家《せんもんか》ではありません。高校野球の関係者でもありません。そこで、まとめの柱を、高校野球の観戦のことと今までの教育実践《じっせん》とをつないで、「教育」という窓《まど》から学んだことなどを中心にすることに決めました。まとめに取り組んでいる日々は、至福《しふく》の時間でした。たくさんの試合を脳裏《のうり》に再現《さいげん》できました。今年の夏にも出会うたくさんの人たちの顔を思い浮《う》かべていました。また、心に残っているたくさんの子どもを思い出し、なつかしさでいっぱいになることができました。

最後に、この本の出版《しゅっぱん》にあたり、ひとかたならぬお世話をいただいた今人舎の代表・稲葉茂勝さん、編集室長・石原尚子さん、はじめスタッフの方々に深く感謝《かんしゃ》を申し上げます。ありがとうございました。

二〇一一年五月末日

神林照道《かんばやしてるみち》

《著者紹介》

神林　照道（かんばやし　てるみち）

1936年（昭和11）年、新潟県柏崎市に生まれる。新潟県立柏崎高等学校、新潟大学教育学部卒業。新潟県刈羽郡高柳町立門出小学校、柏崎市立鯖石小学校、新潟大学教育学部附属長岡小学校教諭を経て、1977年に上京し、私立成蹊小学校教諭、私立国立学園小学校教頭・校長を務め、2007年に退職。その後、私立さとえ学園小学校副校長を2009年まで務める。現在、さとえ学園小学校教科コンサルタント。

全国大学国語教育学会会員・日本国語教育学会会員・日本現場国語研究会主宰・社会科の初志の会会員。東京書籍小学校国語教科書「新しい国語」編集委員を1979～1997年度まで務める。書籍としては、分担執筆に「個を伸ばす評価」（明治図書）、「小学校国語指導のコツ」（学陽書房）、「国語教育の現状と未来」（学校図書）、監修に『調べ学習ガイドブック』（ポプラ社）、著書に『子育て学級日記』（近代文藝社）などがある。

甲子園教育のすすめ

甲子園球場へ行こう

二〇一一年八月一日　第一刷発行
二〇一二年八月一七日　第二刷発行

著　者　神林　照道
発行者　稲葉　茂勝
印刷・製本　凸版印刷株式会社
発行所　株式会社今人舎
〒一八六—〇〇〇一
東京都国立市北一—七—二三
電話　〇四二—五七五—八八八八
FAX　〇四二—五七五—八八八六

 ISBN978-4-901088-97-8　NDC376
Published by Imajinsha Co., Ltd. Tokyo, Japan
今人舎ホームページ　http://www.imajinsha.co.jp
E-mail　nands@imajinsha.co.jp